复杂的联结
全球化与旅游文化

杨晶 —— 著

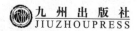
九州出版社
JIUZHOUPRESS

图书在版编目（CIP）数据

复杂的联结：全球化与旅游文化／杨晶著 . -- 北
京：九州出版社，2021.10
　ISBN 978-7-5225-0715-6

　Ⅰ. ①复⋯ Ⅱ. ①杨⋯ Ⅲ. ①旅游文化—研究 Ⅳ.
①F590-05

中国版本图书馆 CIP 数据核字（2021）第 249503 号

复杂的联结：全球化与旅游文化

作　　者　杨晶　著
责任编辑　周弘博
出版发行　九州出版社
地　　址　北京市西城区阜外大街甲 35 号（100037）
发行电话　（010）68992190/3/5/6
网　　址　www. jiuzhoupress. com
印　　刷　唐山才智印刷有限公司
开　　本　710 毫米×1000 毫米　16 开
印　　张　11
字　　数　113 千字
版　　次　2022 年 3 月第 1 版
印　　次　2022 年 3 月第 1 次印刷
书　　号　ISBN 978-7-5225-0715-6
定　　价　85.00 元

自　序

　　旅游常会探讨离开日常之地，跳离惯常生活，有别于日常居住生活的事件。"出游"，是以我们理解的方式与他乡风景对话，我们期待一切的不期而遇，期待一切的差异、惊奇、喜悦。旅游就是要离开日常生活之地，跳离日常生活方式，研究旅游与研究社会异常行为同出一辙（约翰·厄里）。就社会学意义而言，解析社会异常行为即是研究社会运作的模式。由此，研究旅游亦是洞悉社会运作的开始。

　　旅游就是最大限度地摆脱日常平淡无奇的行为和生活，与日常常规相悖离。旅游以异常行为为介入点，发掘社会运作的本相（约翰·厄里），由此可言，旅游是重大议题，并以全球性流动性、社会性研究为准则。

　　互联网及新科技改变着人们的日常生活方式和存在方式。全球变成流动、速度加快的"液态现代性"（鲍曼）。时空压缩加快了游客的快速流动。后现代性的发展把旅游从全球秩序的边缘，拖带到现代性的流动的变动不居的世界中心。

　　全球数不胜数的人和地方被卷入全球旅游旋涡内。"全球化"与"旅游"联结紧密，且伴随着碎片式的复杂程序的联结。"旅游反思"与"全球化"不可分离。旅游与历史、建筑、影像和社会等因子紧密结合。这些因子又反作用于旅游，使其不断衍生、拓展。旅游的流动性与全球化的意蕴密不可分，旅游重新界定并演绎了"全球化"意涵。

　　可运用莫里斯的观点比喻现代生活的"流动性"。汽车旅馆"只记得移动，速度和永久流通"，"不可能成为一个真正的地方"，汽车旅馆就像机场的过境候机楼或客运站，既不是起点，也不是终点，而是"暂停"，它的存在只是为了流通和移动。汽车旅馆寓意现代生活的"流动性"（莫里斯）。大规模的流动提高了旅游的地位，把它从边缘推向了全球新兴秩序的中心，旅游与休闲、文化、历史、体育的区隔日渐模糊。

　　网络加速了全球化的流动，网络给旅游、政治、经济带来巨大冲击，网络改变了旅游的营销、产品配送、管理、研究等各个层面的运作模式。网络之于旅游的重要性不言而喻。在网络经济里，旅游产品更具个性化、大众化特色，网络能为游客提供旅程之所有需求，并且让游客的选择更加多元化。全球网络品牌与技术媒介或系统对接，使旅游经济迅速崛起。

　　旅游处于持续的流动状态之中，因而旅游理论也要随着社会文化变迁的潮流加以变革，以回应随时而来的变化。特别在后现代社会中，社会发生重大变革。旅游业也发生了前所未有的重大变革，现代旅游产业的兴起，使经济全球化与旅游联系更为紧密，且与日常生活不分彼此。旅游业呈现了前所未有的蓬勃趋势，有的国家甚至把旅游业作为主要的经济支柱。

时空压缩导致了全球化与流动的现代性。疫情突然而至，全球化问题的思考讨论达到空前的盛况。之前，我们犹为注重经济全球化，疫情让我们开始对文化领域、价值观领域的全球化有了更多的反思。发生疫情，人类在应对共同的问题时，更须重申人类命运共同体概念。历史上很多疫情都对经济造成了很大影响，此次疫情让旅游行业遭遇前所未有的冲击，突发的公共卫生事件，凸显了旅游的脆弱性。

疫情常态化给人们带来的心理变化，能否通过旅游文化作出应对和处理，旅游文化能否为共守人类命运共同体而作出自己的努力？旅游文化作为软实力，能否为全球化面临的价值观调整、文化问题的调整作出努力？旅游、全球化与时代唇齿相依，不分彼此。全球化的旅游维度即全球化的旅游后果，旅游的流动性和全球化的意涵是不可分割的虚体，而在"逆"全球化时代探讨全球化问题，是时代使然，更是对问题本身的拓展和开掘。

本书框架大致是从旅游文化与全球化内在逻辑和文化理路上展开的，而旅游的解域化和全球化的旅游维度，关乎全球化与旅游之间不可言喻的复杂关系。

"全球化与旅游文化的复杂联结"随着国内外对全球化理论品格和现实操作的关注持续"升温"，逐渐步入学界视野。在全球化视域中，"联结"的表象处于旅游文化不断扩展的内涵与外延中，并随全球化文化维度的变动而不断消长。

全球化的文化维度或者说"文化全球化"是各种文化要素（语言、文字、文学、艺术、思想理论、价值观念、生活方式等等）在世界范围内的传播和交流，是世界性的文化认同、价值认同和实践认同的发展趋势。

全球化的文化维度或者说"文化全球化"有特定的发生途径，主要包括内驱力、现实途径、直接途径。"文化全球化"的内驱力在物质方面是以资本扩张为表象、工业化生产方式为实质的，而在精神方面，则表现为理性知识的扩张。在现阶段，从世界经济中心开始传播的消费文化成为"文化全球化"的现实途径。在特定的历史时期，旅游或迁徙是全球化的重要推动力量，这也是"文化全球化"实现的直接途径。

"全球化的旅游维度"至少包含了两层意义。一方面是指在全球化进程中，旅游及旅游文化受到影响，另一方面是指旅游及旅游文化对全球化进程所起到的推动或助力作用。但这二者之间并非你来我往的二元关系，而是一种复杂的联结关系，是一种网络系统。

"文化的全球化"或者全球化的文化维度已成为研究文化和旅游的定义域之一。旅游文化研究的历史及现状表明，旅游文化身处其中，受到多元影响，其研究也呈现出新形态、新现象，也隐约地透射出全球化时代旅游文化研究的广阔前景和发展路径，为旅游与文化的深度融合开辟了理论场域，具有强烈的现实意义。

旅游及旅游文化不但是全球化进程中的构成要素，同时也承担着全球化的后果，这种既处于进程中，又承担进程带来后果的复杂关系，使得旅游文化与全球化之间的联结难以用时间的逻辑来表述清楚。然而在他们复杂的联结中，这种网络系统有一个中心点，这即是旅游文化的解域化。

旅游文化的解域化表现在这个进程中的两个方面：一是旅游文化的去本土化，另一方面是旅游文化的杂交现象。全球化使解域化或去本土化成为一种必然，即把社会和文化实践从当地的具体环境中去情境化。但是文化又总是跟语境有关，解域化的意义又总是在新的语境中以不同的形式被重新地域化，这即是全球化的一种自相矛盾的现象。

理解和探析"文化全球化"对旅游文化的影响应有特定的角度，这即是"文化全球化"进程与现代性或后现代性并行的角度。从这一角度来看，"文化全球化"对旅游文化产生的影响有特定的发生域，包括文化体验、审美经验、传播媒介等三个层面。

旅游是文化认同的重要媒介。旅游促进了不同地域的人群相互体验各自不同的文化，进而达到相互了解、交流、沟通的目的。从这个角度来看，旅游是"文化全球化"这一概念本身的内在要素之一。而青年被认为是全球媒介文化发展的首要动力，也是旅游文化影响的主要承载群体，因此，二者在文化认同层面的结合是必然的。

这些年，研究者对全球化与旅游的关注超越对于全球化与旅游文化的关注，文化之于旅游恰如大音希声，化有形于无形。本书也是对于旅游文化与全球化的内在网络构型的一点梳理、探索。如何更加延展，两者之间的复杂而微妙的联结将会给我们带来更多的启示和沉思。当然，不仅是对旅游学界，还有对整个社会运行的一些理解。本书完成后，还有一点遗憾，就是旅游文化与后殖民主义、族群、祭神等有着内在的联系和更为复杂的联结，本想在旅游解域化的一章中进行展开，但是囿于时间和精力的有限，未能详尽地展开论证，我既视之为遗憾，又视为我后续研究的动力。也希望在日后的漫漫长路中，尽己之力，为之一搏。

　　最后，特别要提到一点，旅游也是我的家庭生活极其重要的一部分，我每年会筹划家庭休闲度假一到两次，因为这对我们及孩子都是放松自我、找寻自我的一个绝妙的机会。是为序。

目 录
CONTENTS

导　论

进入 21 世纪后，我国旅游文化的发展和研究已逐渐笼罩在全球化大潮之下，旅游文化研究和实践呈现出别样的风景。这其中，学术观点各异，立场不同，各学派在全球化大潮的裹挟下，或主动应对，或被动融入，甚为喧嚣。那么何谓"文化全球化"，或者说全球化的文化维度表现是什么？"文化全球化"给旅游文化带来何种影响？旅游文化对"文化全球化"是否有反拨意义？再言之，这二者之间是一种什么样的关系？这些问题都关系到当前旅游文化研究的现实与走向，并进而关系到中国旅游业的发展。同时，在旅游文化作为文化的分支这一层面上，也还关系到文化的发展与兴盛。可以说，"文化全球化"视域下的旅游文化研究，其现实意义重大。

在上述众多的研究角度或者说研究范畴中，本书主要选取了全球化与旅游文化的联结问题作为主要研究对象。也就是说，本书要明确地提出全球化与旅游文化在哪些层面上是相互联结的，这些联结在现实层面的表象是什么，这些联结的方式、节点、机制、原理是什么，进而明确地指出，研究这些联结的重大意义所在。

一

"联结"（connectivity）这个词，主要由英国诺丁汉特伦特大学国际交流与文化研究中心主任约翰·汤姆林森（John Tomlison）的著作《全球化与文化》提出。在这本书中，汤姆林森认为，"全球化是现代世界的一种经验主义的状况，我把它称为是复杂的联结（complex connectivity）"①，并随后解释了"联结"在这里的意思。他指出，这个概念的意思是说，相互联系和互相依存构成了现代社会生活的特征，而全球化指的就是快速发展、不断密集的相互联系和互相依存的网络系统。换言之，全球化可以看作是一种复杂的联结，而这种联结实质是指快速发展的网络系统，全球化的表象是联结，而实质则是相互联系、互相依存的网络系统。②

在对所谓的"复杂的联结"进行了初步的解释后，汤姆林森还指出了与联结类似的阐释系统。比如，麦格鲁强调的联动

① ［英］汤姆林森．全球化与文化［M］．郭英剑，译．南京：南京大学出版社，2002：2.
② ［英］汤姆林森．全球化与文化［M］．郭英剑，译．南京：南京大学出版社，2002：2.

（linkages）概念，认为联动是以一系列不同的模式存在着的，它是从个体与世界范围的集体之间正在激增的社会—制度性的关系，到跨越国界的商品、信息、人员与实践日益增加的流动（flow）的概念，再到由技术发展所提供的连接（connection）的更加具体的模式（诸如快捷的国际空中运输体制、更实际的有线电子通信体制等）。同时，汤姆林森还指出，如"相互联系、网络系统、流动"这样与联结类似的阐释系统还可以在社会学、文化研究、人类学研究等领域找到。①

汤姆林森对阐释联结这一概念一直保持着一种警惕性。他说，全球化是一个非同寻常、容量丰富的概念，产生了远远超出完全是社会事实的思索、假设和强大的社会形象与隐喻。②

因此，联结就成为一种需要直接加以详尽阐述和阐释的状况。为了避免可能产生的阐释联结这一概念的陷阱，他采取了两种方式来观察"联结"这一概念。

第一，他将联结与亲近感相联系，将联结视为喻示着日益增加的、全球—空间的亲近感。这种亲近感是指"时间导致了空间的湮灭"（马克思），或称之为"时空的压缩"（大卫·哈维），也即一种通过有形的方式（如旅行）或再现的方式（电子传输的图像与信息）而产生的距离的收缩感。另外，联结通过延伸（跨越距离的社会关系）这一概念融入空间亲近感之中。

① ［英］汤姆林森. 全球化与文化［M］. 郭英剑，译. 南京：南京大学出版社，2002：3.
② ［英］汤姆林森. 全球化与文化［M］. 郭英剑，译. 南京：南京大学出版社，2002：7.

在分析了二者的联系之后，汤姆林森指出，亲近感与联结并不是一回事，充其量亲近感是联结的一种详尽的阐述。由联结而产生的亲近感的体验与有形距离并存于现实社会，在一个全球化了的世界中，有形距离依然存在，而所谓的联结则表示我们可以以不同的方式去体验这种距离。一方面，联结在趋向日益增长的一种功能性亲近感方面发挥着作用。因为，联结就是要在功能上达到一种使人体验到普遍性"亲近感"的虚构形式。联结创造了全球化的空间，而且以某种程度的文化的压缩，对应了联结的时空压缩，以此联结了易于资本流动的长廊，这一方面的最形象的例子就是商务旅行。另一方面，联结除了在通信和运输等技术层面上卓有成就外，还意味着改变地方性的性质。因为如果联结真的喻示着亲近感，成为一种普遍的社会文化状况，那么，它就必须根据实践与体验的某种转型来加以理解，对于这种转型，人们可以真正在地方性的内部感受到它。①

第二，他把联结与全球单城性联系起来。他首先明确了单城性的意思，即这是一种感觉，即世界在历史上首次正在变成一个具有单一的社会与文化背景的世界。其次，他分析了罗兰·罗伯森（Roland Robertson）的相关论述，指出罗氏所感觉到的全球的单城性，是一种日益决定着各种社会关系的语境，同时它也是一种参照结构，在这个参照结构中，各种社会力量逐渐在塑造着各自的存在、认同与行为，还是一个错综复杂的社会与现象学的状

---

① ［英］汤姆林森. 全球化与文化［M］. 郭英剑，译. 南京：南京大学出版社，2002：13.

况，其中人类生活的不同秩序彼此被相互连接在了一起。最后指出，联结把单城性想象为是一种文化—政治的原则，如果我们要考虑地方体验，就必须把它提升到一个"单一世界"的水平上，而地方的实践与生活方式逐渐需要从它们全球性的后果上加以考察与评价。①

经过上述分析，联结是一种网络系统，联结有其技术模式，即国际空运和电子媒介。由联结的技术模式所造成的对亲近感的感觉方式之一，是由空间体验进入暂存的体验，例如，空中旅行，所跨越的不仅是有形的距离，还有社会和文化的距离。于是引申出一个衡量全球化成就的标准，就是看克服有形的距离跟克服文化的距离之间究竟相差多远。而这一问题又引发了文化同质化的话题，即那些断言文化同质化是全球化的结果的论断，就是从联结开始，通过亲近感，走向了全球一致性和普遍存在的想象之中。

质言之，联结是全球化的重要表征，也是分析全球化的重要方式。联结造成的亲近感和作为其文化—政治的原则单城性是把握全球化的重要途径。只有逐层剥离这种"复杂的联结"，全球化才能显示其本象，全球化在文化领域内的影响才能逐步厘清，全球化与旅游文化的相互关系才能逐层显现，而这种关系本身更是一种"联结"。联结从这个意义上来看，不仅是一种全球化的重要表征，更是一种面对全球化影响的"思维方式"。

---

① ［英］汤姆林森. 全球化与文化 ［M］. 郭英剑，译. 南京：南京大学出版社，2002：14—15.

二

　　本书将研究对象定位于全球化与旅游文化，意在探究二者之间的相互关系，即要描摹出二者之间相互依存的网络系统，明晰这一系统的运作方式，进而达到介入系统、完善系统的目的。全球化与旅游文化之间的交集即是全球化在文化维度上的影响，即文化的全球化。旅游文化包含于文化这一大系统中，因而全球化对旅游文化的影响，首先是表现于全球化对文化的影响，进而至旅游文化这一范畴。因此，全球化与旅游文化的关系也可以化约为旅游文化与"文化全球化"之间的关系。

　　为了进一步阐明论述范围，让我们先来看看何谓"文化全球化"或者说全球化的文化维度。"文化全球化"早在西方学界提出，始于20世纪80年代，盛行于90年代，并在其后的十多年里热闹非凡，争执一时，此概念被引进国内是在20世纪80年代。从提出至现在大体上有几种不同的观点。

　　汤姆林森在篇首表明自己的观点："全球化处于现代文化的中心地位，文化实践处于全球化的中心地位。"他把全球化看作"复杂的联结"，认为相互联系和相互依存构成了现代社会生活的特征，而全球化是指快速发展、不断密集的相互联系和相互依存的网络系统。他强调文化具有的是"生活的全部方式"的意义，其内涵具有很大的包容性，全球化的复杂联结深入到人们的日常生活中时，"全球性的"具有了更多的文化内涵。① 在汤姆林森这里，文化是全球化复杂联结的组成部分，全球化在影响着地方性文化的转型。

在《全球化——社会理论和全球文化》一书中，罗伯森指出，文化在人类社会生活中的地位极其重要，在各种形式的社会关系尤其是国际关系中，尽管经济问题极其重要，但是这些问题在相当大程度上从属于文化的偶然性和文化密码的解译，不管国家利益卷入国家间互动的程度有多大，仍然存在文化性质的关键问题。②

罗伯森简要提出"文化系统论"的观点："作为整体的全球场，是一个因各种文明的文化、民族社会、国内和跨国的运动和组织、亚社会和族群集团、社会内部的半集团、个人等等的压缩——就这种压缩越来越对它们施加种种制约，同时又赋予它们不同权力这一点而言——而形成的社会文化'系统'。"③ 换言之，全球领域作为一个整体，是一个社会文化系统，是一个由多元社会构成的全球文化系统。

伊曼纽尔·沃勒斯坦（Immanuel Wallerstein）著有《地理政治和地理文化》一书，在书中他力图从文化或者文明角度来思考问题，指出文化是对抗现代化世界体系不平等的一块战略要地。

---

① ［英］汤姆林森. 全球化与文化［M］. 郭英剑，译. 南京：南京大学出版社，2002：6—7.
② ［美］罗兰·罗伯森. 全球化——社会理论和全球文化［M］. 梁光严，译. 上海：上海人民出版社，2000：31.
③ ［美］罗兰·罗伯森. 全球化——社会理论和全球文化［M］. 梁光严，译. 上海：上海人民出版社，2000：48.

还通过对文明概念的分析展望全球化的文明前景，认为资本主义也是只是文明的一种，并非唯一的文明，资本主义的全球化将由于其他文明崛起而受到挑战，未来的全球化将应是全球多种文明的共存。①

何谓（全球化的文化维度）"文化全球化"？本书认为，"文化全球化"是指人类文化行为超越民族疆界的大规模活动，是各种文化要素（语言、文字、文学、艺术、思想理论、价值观念、生活方式等）在世界范围内的传播和交流，全球化是商品、钱、人、图像、技术、知识、思想等各种客体和主体，在全球范围内以前所未有的广度和速度流动，"文化全球化"是世界性的文化认同、价值认同和实践认同的发展趋势。

以上论述是对"文化全球化"的概要性理解，详论将在后文中展开。但对"文化全球化"基本认识即如上文所述。那么，研究"文化全球化"与旅游文化的联结究竟该如何理解呢？本书认为注重联结，也即注重过程。换言之，联结研究也就是过程研究。如前所述，"文化全球化"是世界性的文化认同、价值认同和实践认同的发展趋势，最终将形成一种全球文化。那么这种全球文化是怎样形成的？其表现形态又是什么？只有了解这两个问题，才可以谈及在全球文化的形成过程中，旅游文化起到了怎样的作用，又是怎样被规制和形塑的，进而才能明确二者之间的联结。

---

① ［美］伊曼纽尔·沃勒斯坦. 地理政治和地理文化 ［M］. 剑桥：剑桥大学出版社，1991：229.

关于全球文化的形态和过程，阿君·阿帕度莱（Arjun Appadurai）进行了富有创见性的研究，这便是他在《消失的现代性——全球化的文化向度》一书所描摹的全球文化景观理论。①

在该书中，阿帕度莱意图建立起全球文化过程的一般理论，他指出："到目前为止，我对我论点的考虑，仅仅构成了足以建立全球文化过程一般理论的骨架。我聚焦于列散，并运用一系列的词（旅群景观、财金景观、科技景观、媒体景观和意识形态景观）以强调文化素材在国界间流经的不同渠道和流路。我也试图举例说明这些流动（或者从任何给定的想象世界的固定观点来看，就是地景）彼此间的根本列散。"②

在阿帕度莱看来，只有强调文化素材在国界间流经的不同"渠道和流路"，才是建立全球文化过程一般理论的首要条件。而这种渠道和流路在他看来主要出五个景观组成。

族群景观是指流动的团体和个人（包括旅行者、移民、难民、流亡者、外来劳工以及其他的人）构成了世界的本质特征，而且似乎能够影响民族内及民族间的政治的程度前所未有。而相对稳定的共同体与人的流动性经纬交错，越来越多的人都必须面对迁移的现实或者想要迁移的幻想。随着国际资本需求消长、生产和科技催生出不同的需要，流动团体对民族—国家的影响越来

①　[美] 阿君·阿帕度莱. 消失的现代性：全球化的文化向度 [M]. 郑义恺，译. 台北：群学出版有限公司，2009.

②　[美] 阿君·阿帕度莱. 消失的现代性：全球化的文化向度 [M]. 郑义恺，译. 台北：群学出版有限公司，2009：63.

越大。①

旅群景观强调了族群（或称之为人种，笔者）的流动带来了文化要素的流动，而在这种流动的构成中，旅行者、迁徙者是其中之一。②

科技景观指科技的全球配置不停处于流动的状态，也指科技目前在先前不受其影响的边界迅速且出入自如的事实。科技景观的独特性不再由任何明显的经济规模效应、政治控制和市场理性所推动，而是由货币流动、政治契机、无技术和高技术的劳动力之间日益复杂的关系所决定。

财金景观是指全球资本的配置成了远比以往更加神秘、迅速且令人困惑的地景，巨额的资金眼花缭乱地进出国家边界，而百分比或时间单位的微小差异都会造成截然不同的巨大后果。科技景观和财金景观揭示了资本在不同边界的穿越以及可能出现的失控现象。③

媒体景观同时指生产和散布资讯的电子能力（报纸、杂志、电视台、电影工厂），以及在世界创造出的影像本身（媒体创造的世界形象，笔者）。这些媒体景观最重要之处在于，它们为全世界提供了大量且复杂的影像、叙事和族群景观，而商品世界和

---

① ［美］阿君·阿帕度莱. 消失的现代性：全球化的文化向度 ［M］. 郑义恺，译. 台北：群学出版有限公司，2009：64—65.

② ［美］阿君·阿帕度莱. 消失的现代性：全球化的文化向度 ［M］. 郑义恺，译. 台北：群学出版有限公司，2009：64—65.

③ ［美］阿君·阿帕度莱. 消失的现代性：全球化的文化向度 ［M］. 郑义恺，译. 台北：群学出版有限公司，2009：64—65.

新闻政治世界在此极为混杂难分，这意味着，在观众眼中，媒体是复杂且相互联结的大量印刷、电影、电子荧幕和排行榜，现实和虚构的地景模糊了。媒体景观为人们的体验和转化提供了一系列要素，从这些要素可汲取想象生活的剧本，构建出他者的叙事和可能生活的原型叙事，而这些幻想可能成为占有迁居欲望的先声。①

意识形态景观由启蒙世界观的要素所构成，包括了一连串的想法、用词、影像，如自由、福利、权利、主权、代表及民主。它们通常是政治的，且经常涉及国家意识形态。伴随着全球流动的频繁，这些术语在世界各地受到语义学和语用学的制约，这些关键词被不同的国家按照某种内在逻辑建构起自己的政治文化。②

在对五种景观进行论述之后，阿帕度莱指出了"全球文化流"模型的核心是全球流在上述五种景观中不断的裂隙散（diasporic，又译为离散、流散，下同，笔者）中出现。而对于这五种景观之前的关系，阿帕度莱还指出，族群景观、科技景观和财金景观的全球关系，在很深刻的意义上是裂散的，完全不可预测的，因这些地景都依循自身的限制和诱因而运作，同时每个地景又成为其他地景的限制条件或运动参数。③

对于阿帕度莱而言，上述五种景观的描摹，还未能建立起全

---

① ［美］阿君·阿帕度莱. 消失的现代性：全球化的文化向度［M］. 郑义恺，译. 台北：群学出版有限公司，2009：64—65.

② ［美］阿君·阿帕度莱. 消失的现代性：全球化的文化向度［M］. 郑义恺，译. 台北：群学出版有限公司，2009：64—65.

③ ［美］阿君·阿帕度莱. 消失的现代性：全球化的文化向度［M］. 郑义恺，译. 台北：群学出版有限公司，2009：64—65.

球文化过程的一般理论，还需要其他方面的研究，这一理论才可能成形。首先，要修正文化形态模型。因为继承的分配形态已经完全没有任何同构性的踪迹了，应开始将文化形式在今日世界里的分配形态想成是"碎形"的。其次，将这些碎形隐喻同解释其交叠或相似处的多特征分类法结合起来，走出比较研究的泥淖。最后，阿帕度莱认为一个以裂散流动为表述的全球文化互动理论，若要比机械隐喻的理论更有力度，就必定要成为某种科学家称之为混沌理论的人类版本。也就是说，要更加注重系统的动力机制问题。经由以上三个方面，全球文化过程的一般理论才能建立。阿帕度莱指出，研究若不这样进行，我们的进展或许会带来全球文化系统的理论，却要以舍弃全球文化的过程为代价。而现在勾勒出来的种种也就只能是将人引回旧有秩序的幻觉而已，而我们不再可能以这样的视角看待如今显然剧烈起伏的世界了。①

　　在阿帕度莱的全球文化景观论中，全球文化不再是镜中花、水中月，或是某种笼统而抽象的存在，而是清晰可见的包含着五个层面的各种图景的综合体。他的全球文化分析框架给我们提供了具体的分析主体。阿帕度莱的全球文化景观理论从方法论上开启了全球化研究领域的新通道，他的全球文化景观论打破了对全球文化的"秩序感"的幻觉，这在阿帕度莱强调全球文化同一性和差异性并存的全球文化景观理论中显露无遗。在传统的研究范式之外，阿帕度莱开启了一条新的途径来看待文化与权力、民族

---

① ［美］阿君·阿帕度莱. 消失的现代性：全球化的文化向度 ［M］. 郑义恺，译.
台北：群学出版有限公司，2009：65.

与国家、传统文化与现代文化、全球文化与地方文化的关系，并指出想象在建构我们今日和将来的生活中所起到的巨大作用。①

对全球文化过程研究的执着追究，是阿帕度莱文化景观理论的重要组成部分，也是其主要的方法论原则，这为我们深入了解文化在全球化过程中的真实样态和进程提供了参照。本书之所以不厌其烦地引述其主要观点，也即在于强调，注重过程研究的重要性。

三

本书从汤姆林森的"联结"这一概念入手，将其与阿帕度莱的全球文化过程理论相比较，意在梳理出从联结这一网络系统到全球文化过程的相关性，也即注重联结，就是注重过程研究，二者在旅游文化与全球化这一论题内具有共同的所指，这也成为本书的重要方法论原则。

细致地梳理"文化全球化"及旅游文化的概念是本书深入论述的第一步，就上述旅游文化的研究现状来看，"文化全球化"背景并没有引起大多数研究者的重视，部分关注者也只是将研究置于表层的现象描述或是概念的移植套用，这反映出目前这一论题研究在方法论上的缺失。

本书拟采用理论推演与实证相结合的理路，用社会科学的一

———————————

① 周娟. 阿帕度莱的全球文化景观论 [J]. 国外社会科学，2009（6）.

般研究方法，如比较研究、影响研究、调查统计、演绎及归纳和文化研究的方法，从"文化全球化"旅游文化影响的发生、发展的进程及旅游文化对"文化全球化"的反作用及其发生方式来考察这一论题。以开阔的社会学视野和文化研究视野加以关照，力图破除非此即彼的二元对立方式，以宏观与微观相结合的方式将论题引向纵深。

本书的现实意义重大且广泛。

用"文化全球化"视角进行旅游文化研究，为丰富旅游文化研究开辟了新的视角，提供了新的思路。多年来，旅游文化研究一直在既有学术轨道上缓慢前行，研究方法单一，深度有限。[①]一方面侧重于与文化、体育等学科在理论上相互融合，另一方面偏重于对概念本身做深入分析，而常常忽视对文化环境和背景的考量，也未能以开放的心态去面对时代变革，追踪文化前沿，使旅游文化仍停留在旅游本身的小圈子内，未能形成大文化视野。"文化全球化"从文化变革的背景入手，深入分析其对旅游产生的影响，探究影响形成的过程、特点、机制，拓宽研究思路，寻求将文化中的旅游和旅游中的文化更好地融合在一起的模式，达到对大文化视野下的旅游文化的总体观照，进而为作为产业的旅游文化发展寻求更为宽广的路径和更为开放的空间。

为深入解析"文化全球化"过程，丰富和拓展"文化全球化"理论内涵提供了参照。"文化全球化"的后果之一，便是旅

---

① 中国旅游研究院．中国旅游研究 30 年［M］．北京：中国旅游出版社，2009：143.

游成为交流、交往的手段，而旅游行为的发生和发展又客观上促进了"文化全球化"的延伸，可以说，二者难以割裂开来。从"文化全球化"角度来研究旅游文化，可以更清楚地解析地方性的旅游文化在以什么样的方式、在何种程度上形成了对全球化的应对，这种应对方式是否丰富了"文化全球化"的内涵。从这个角度来看，对旅游文化在全球化视域下的解析无疑是深入研究"文化全球化"的重要途径之一。

为旅游政策的制定和执行提供参照背景。旅游文化是旅游业的灵魂和核心，规制着旅游业的发展方向，将旅游文化纳入"文化全球化"视域，有利于旅游业以开放的思路关注前沿，把握时代对旅游业的要求，进而制定出符合时代要求，具有先进性、前瞻性、可持续性的方针政策。

第一章　全球化的文化维度

全球化，在世纪之交的学界曾引人瞩目。彼时，全球化作为一个全新的概念可谓炙手可热，虽然经历过"五花八门的过度阐释，匪夷所思的随意使用和漫无边际的自由发挥"①，然而全球化研究却成为当时的一门显学。

经过十年左右的争论与沉淀，在 21 世纪的第一个十年之后，全球化现象渐趋普遍，研究热潮稍退，这为我们更加理性客观地看待这一问题提供了机遇。全球化的文化维度，或者称之为"文化全球化"的相关研究也因此进入诸多研究者的视野。然而值得指出的是，全球化一个根本性的问题即什么是全球化，其本质和内涵是什么，仍然未能得到清晰的一致共识。"文化全球化"作为全球化的向度之一，也就处在迷思之中。毫无疑问，厘清全球化这一概念的内涵与外延成为研究其文化维度的首要条件和逻辑前提。

---

① 陈定家. 全球化与身份危机·导言［M］. 开封：河南大学出版社，2004：2.

第一节 全球化的本质与内涵

作为一个概念，全球化曾经包罗万象，正是在这样混杂而多义的局面下，概念本身缺乏了明晰的边界和特定的内涵。随着时间的推移，全球化作为一个概念进一步膨胀，衍生出一系列新的学科概念与学术领域，如全球化社会学、全球化政治经济学、全球化文化学等，使得全球化的外延更加繁复，什么是全球化这样的问题越来越难以回答。

（一）全球化的词源学考察

从词源学角度来看，"全球化（Globalization）一词最早出现于英语中"。"'Global'（全球的）一词最早出现于1676年，但在19世纪90年代之前，该词只有'Spherical'（球形的）的意思，之后才渐渐用来表示'the whole world'（整个世界的）；1943年出现'globalism'（全球主义）；1944年出现'globalize'（使全球化）；1961年正式出现'globalization'（全球化）一词"[1]，同年，这个词语被正式收录到权威版本的韦伯斯特词典中。[2]

还有的学者指出，"全球化这个词在过去的几十年里还曾在

---

[1] 宋耕. 全球化与中国性：当代文化的后殖民解读［M］. 香港：香港大学出版社，2006：68.

[2] 陈定家. 全球化与身份危机·导言［M］. 开封：河南大学出版社，2004：2.

其他语种传播，可以举出很多例子，如阿拉伯语中的'lil'alam'、中文的'quanqiuhua'、法文的'mondialisation'、俄文的'globalizatsia'和西班牙文的'globalizacion'。在各世界主要语种中，只有斯瓦希里语（东非）还没有得到全球化这个概念，这一例外也许可以解释为在非洲的精英圈内人们广泛地使用英语的缘故。小语种的情况也是一样，我们可以在芬兰语中找到'globalisaatio'，在尼泊尔语中找到'bishwavyapikaran'，在帝汶语中找到'luanbo'ot'等等"①。可以说，"全球化"这一词义本身无论以何种文字形式表达，都已经被传播开来，也就是说全球化的传播和表达本身是全球化的。

此后，"全球化"一词是在20世纪80年代中期以后迅速流行开来的。当时，它开始取代"国际化"（internationalization）、"跨国化"（transnationalization）、"一体化"（integration）等术语，用来描述跨边界的人类互动不断强化的趋势。90年代以后，联合国秘书长加利宣布"世界进入了全球化时代"，"全球化"一词被广泛地引用到各个领域。

从词源学角度而言，全球化这个概念很早就已经在一个跨学科、跨世界、跨理论研究、跨政治的范围内拓展了。正如有学者指出的那样，"数不胜数的学者们已经仓促地接受了全球化这个用滥了的词。很多研究所、学位项目、教材都集中到了这个问题上。目前，全球化的概念趋于一种在弥漫中更加难以捉

---

① ［英］扬·阿特·肖尔特. 全球化：再论其定义问题［J］. 李秀丽，译. 社会科学战线，2003（5）.

摸不定的状态"①。

（二）全球化的历史进程

从历时态角度而言，全球化的发端、发展、完善应是一个有迹可循的过程，这对于明确全球化这一概念而言是有益的。然而，目前就全球化的开端而言，国内学术界存在两种相对立的观点。

不少学者认为，全球化实际发端于 15 世纪末的欧洲，从 15 世纪末到 19 世纪 70 年代大英帝国霸权的确立，是其第一个阶段；从 1880 年到 1972 年美元本位的终止，欧洲中心转向美国中心，是其第二个阶段；从 20 世纪 70 年代到现在（1998 年，笔者注）是第三个阶段，② 这里全球化即相当于资本的全球化。

学者李慎之认为，全球化进程应从 1492 年哥伦布发现美洲算起，从那一年开始，因地理大发现而带来的探险热潮与商业革命引起的贸易热潮，终于导致了工业革命和资本主义，而此后五百年，也就是 1992 年，市场经济体制在全球范围内取得了绝对优势，成为全球化下一个五百年的开始，③ 而市场经济的全球化和信息传播的全球化是全球化时代的最重要的标志。

对于全球化的历史进程，也有人指出，硬要找出一个被大家公认的全球化的起始年代，恐怕是徒劳无功的难事。因为这一概

---

① ［英］扬·阿特·肖尔特. 全球化：再论其定义问题 [J]. 李秀丽，译. 社会科学战线，2003（5）.

② 杨雪冬，王列. 关于全球化与中国研究的对话 [J]. 当代世界与社会主义，1998（3）.

③ 李慎之. 全球化发展的趋势及其价值认同 [J]. 马克思主义与现实，1998（4）.

念本身涉及如此众多领域的众多现象，所以，全球化问题研究是一个跨学科的巨大工程，而要想寻找全球化历史的开端则是十分困难的事情。仅就经济全球化而言，把全球化等同于跨洋远程贸易的学者，自然把 15—16 世纪荷兰、西班牙商船远征看作是全球化的起源。把全球化界定为世界经济结构变化的人，当然会把 21世纪初世界经济概念的出现说成是全球化的开端。还有的把全球化解释为统一的货币体系的形成，或者是市场经济的世界化等等，① 不一而足。这说明，对全球化的不同认识导致了对全球化开端的不同判断，因而仅从全球化的开端来看，经济因素成为全球化的主要肇始因素。

除了以上两者对全球化历史进程截然相反的观点外，众多学者从宏观角度来描述全球化的历史进程及其特点。

有人指出："全球化是作为一个经济概念于 80 年代被提出来的。迄至今日，它早已越出单纯的经济范围，而全面影响到科学、文化和社会政治等领域。全球化的推进过程被认为明显具有两个特征。其一是西方势力以经济和军事为后盾，进行世界范围的扩张；其二是西方发达国家和跨国公司，在全球化舞台上出演主角。"② 也有人认为，全球化既是一个逻辑的进程，也是一个必然的历史进程。并从纵横两个方面来分析全球化浪潮的历史进程。"从纵的方面看，我们可以把人类社会的历史进程划分为'一元化''多元化''全球化'三大阶段。这是一个由肯定到否

---

① 张世鹏. 什么是全球化 [J]. 欧洲，2000 (1).
② 陆扬. 全球化、后现代与人文科学的未来 [J]. 上海社会科学院学术季刊，1999 (4).

定再到否定之否定的发展周期，也是一个趋同与趋异对立统一的矛盾运动过程。""从横的方面剖析，人类社会的发展史又可粗略地分为经济、政治、文化的发展史，它们同样呈现出与'一元化''多元化''全球化'相呼应的性质演变与阶段特征。"①

从上述观点中，可以看出全球化进程不但涉及经济领域，还扩散到政治、社会、文化等诸多领域，可以说全球化具有多层意义。就目前的发展状况而言，虽然"政治和文化上的全球化还远远比不上经济全球化的发展程度，但是，这并不等于说政治和文化根本就不存在全球化的发展趋势"②。也正是在这个意义上，有学者指出："全球化是一种以经济为先导、以价值观为核心、以政治为辅成、以广义的文化为主体的社会合理与一体化浪潮。"③

（三）西方的全球化理论

在全球化研究兴起后，有关全球化著述快速增长，学派纷起，观点各异。西方学者对"什么是全球化"这一全球化研究的最基本、分歧最多的问题进行了多方面的研究，为我们进一步认清这一问题提供了有益的参照。

施密特（Helmut Schmidt）曾于1974—1982年担任联邦德国总理，下野后成为有名的政论作家。他在1998年出版的《全球化，政治、经济与文化挑战》一书中，试图从对全球化现象的具体描述入手，从形象到抽象逐步深入探讨全球化问题。他认为，

---

① 王四达. 全球化：一个逻辑与历史的进程 [J]. 中山大学学报，2000（3）.
② 陈定家. 全球化与身份危机·导言 [M]. 开封：河南大学出版社，2004：7.
③ 王四达. 全球化：一个逻辑与历史的进程 [J]. 中山大学学报，2000（3）.

全球化是一个实践政治命题，也是一个社会经济命题，还是一个思想文化命题。他把全球化笼统地界定为世界五大洲之间、各国之间联系与接触在数量与质量方面的巨大飞跃，界定为世界经济的新发展，① 并没有给出明确的定义。

拉尔夫·达伦多夫（Ralf Dahrendorf）曾是著名的自由主义政论家，在 1998 年发表的《论全球化》一文中他指出，全球化是具有极限的，它既有区域上的极限，也有经济和社会方面的极限。他认为，并不是世界上所有的国家都参与了经济全球化，并不是所有领域都应该全球化和市场化，同时，他认为全球化概念不仅被人们（错误地）想象为一条单行道的路线，而且还是一条以同样的方式涉及所有方面、所有的人、所有企业、所有国家的道路，② 也并没有给出明确的定义。

相对于前两位政论家，于尔根·哈贝马斯（Jürgen Habermas）对于中国学界来说并不是一个陌生的名字。这位德国社会哲学家于 1998 年发表了《超越民主国家？——论经济全球化的后果问题》一文，明确地把全球化界定为世界经济体系的结构转变，并指出全球化的进程，不仅是经济全球化，（而且还是）使我们逐渐习惯于另一种观察问题的角度。③

乌尔利希·贝克（Ulrich Beck），德国著名的社会学家，在

---

① ［德］赫尔穆特·施密特. 全球化，政治、经济与文化的挑战 [M]. 斯图加特：德国出版社，1998：12—14.

② ［英］拉尔夫·达伦多夫. 论全球化 [M]. 美因河畔法兰克福：祖尔卡姆出版社，1998：41—45.

③ ［德］于尔根·哈贝马斯. 全球化的政治 [M]. 美因河畔法兰克福：祖尔卡姆出版社，1998：70—73.

1997 年出版的《什么是全球化》一书中给全球化做了比较全面细致的定义。他把广义的全球化概念细划为客观现实、主观战略与主客观相互作用的发展进程三个不同的层次，分别使用了全球性、全球主义与全球化三个不同的概念。全球性是指，封闭空间的设想全是虚幻的意义上的，我们长期生活在一个世界社会中，没有一个国家、一个集团能够与外界相互隔绝，所以各种不同形式的经济、文化、政治相互碰撞，这是理所当然的。在这里，这个世界社会指的是各种社会关系的总和。而全球主义是指用世界市场排挤或者取代政治行动，也就是说，世界市场统治的意识形态，新自由主义的意识形态，他们单一地仅从经济上处理问题，把全球化的多范畴性简化为单一经济范畴，而且是直线思维，把所有其他范畴——生态的、文化的、政治的、市民社会的全球化都置于世界市场体系支配之下。①

在梳理了全球性和全球主义的概念之后，贝克提出了他的全球化定义，他认为，全球化描述的是相应的一个发展进程，这种发展的结果是民族国家与民族国家主权被跨国活动主体，被他们的权力机会、方针取向、认同和网络挖掉了基础。全球化指的是在经济、信息、生态、技术跨国文化冲突与市民社会的各种不同范畴内可以感觉到的、人们的日常行动，日益失去了国界的限制，也即是第二次现代化。②

贝克的全球化概念得到了广泛的认同，作为全球化社会学的

---

① ［德］乌尔利希·贝克. 什么是全球化［M］. 美因河畔法兰克福：祖尔卡姆出版社，1997：26—28.
② ［德］乌尔利希·贝克. 什么是全球化［M］. 美因河畔法兰克福：祖尔卡姆出版社，1997：29.

创始人，他与那种把全球化仅视作经济现象的观点相比，视野更加宏阔。

20世纪90年代初期，欧洲委员会自然科学与技术评估预测计划的领导人卡多·比德雷拉倡议建立由欧洲、北美、日本等发达国家的近20名专家学者组成"里斯本小组"，专门研究全球化问题。1995年，里斯本小组出版了《竞争的极限——经济全球化与人类未来》一书，该书对全球化的概念、基本范畴和发展动力做了比较权威的界定，认为全球化涉及国家与社会之间多种多样的纵向和横向联系，从这些联系中产生了今天的世界体系。全球化由两种不同的现象组成，即作用范围（横向扩展）与作用强度（纵向深化）。当然，该书也指出，全球化并不意味着这个世界已经从政治上实现统一，经济上已经完全一体化，文化上已经同文同质。全球化在很大程度上是一个十分矛盾的过程，它的影响范围十分广大，它的结果又是多种多样的。①

以上的诸种对全球化的定义各有侧重，也表现为概念内涵逐步完善。但因全球化涉及经济、政治、文化、社会等人类生活的一切领域，目前还没有一个行之有效的全球化模式，也几乎无法用一句话来明确概括全球化的所有内涵。在全球化激情燃烧的20世纪90年代，西方对全球化的研究形成了几种主要学说，从这些学说中，我们可一窥西方视野下的全球化真容。

1996年，詹姆斯·罗斯诺（James Rosenau）发表了《全球化

---

① 里斯本小组. 竞争的极限——经济全球化与人类未来 [M]. 联邦德国政治教育中心，1997：47—50.

的动力》一文，认为全球化最具有动态特征，体现一种强劲的动力。全球化是对地域化的超越。地域化是国界的限制，全球化则是国界的扩展，地域化意指分权、分散和分解，而全球化意指集权、一致性和一体化。此外，罗斯诺还指出了推动全球化的四种基本途径：双向的对话和沟通机制；大众媒介的变革性影响；榜样的力量和效仿的过程；机构和制度的同质化。①

1996 年，赛约姆·布朗（Seyom Brown）在《变化中全球体系的国际关系》中提出了"世界政体论"，认为世界政体论是人们摆脱国际关系中主要困境的需要，是处理和解决冲突、制定和实施规则的全球的结构和过程模式，或者是关于强制性的社会关系体系的世界结构。世界政体是全球化的重要体现。②

1999 年，托马斯·弗里德曼（Thomas Friedman）出版了《凌志车与橄榄树——理解全球化》，在书中他认为，全球化并非一种选择，而是一种现实。全球化不仅仅是一个现象、一个潮流，更重要的是，它代表了取代冷战体系的一种新的国际体系。他将全球化定义为超越国界的资本、技术和国家的一体化，使个人、公司和国家能更进一步、更快、更深入、更有效地接近世界。全球化就是自由化、市场化和资本主义化。③

肯尼思·华尔兹（Kenneth Waltz）以结构现实主义蜚声世界，1999 年，他发表了《全球化与治理》一文，文中指出，全球治理一般指在全球范围内个人、公共机构以及私人机构用以指

---

① 陈定家. 全球化与身份危机 ［M］. 开封：河南大学出版社，2004：51.
② 陈定家. 全球化与身份危机 ［M］. 开封：河南大学出版社，2004：52.
③ 陈定家. 全球化与身份危机 ［M］. 开封：河南大学出版社，2004：52.

导、决定和管理他们共同事务的各种方法和规则的总和，是对不同集团关心的共同事务做出集体选择。在他看来，全球化是由自由市场而非政府造成的；全球化意指同质化，即价格、产品、工资、财富、利润趋于接近或一致；在全球化条件下进行治理，相互依存，再次与和平联系在一起，而和平又日益与民主联系在一起。①

1977 年，由罗伯特·基欧汉（Robert Keohane）和约瑟夫·奈（Joseph Nye）合著的《权力与相互依存》一书出版，在 2000 年第三版中，作者增加了全球化的内容，对全球化与相互依存做了精彩的比较。书中指出，全球化是指事物的增长或增强，而相互依存意指一种条件、一种状态，它可增强，也可减弱；全球化是全球主义的一种特殊形态，"稀薄"的全球主义就是全球主义，而"浓厚"的全球主义才能称之为全球化；相互依存和全球主义均体现多方位的现象，与相互依存一样，全球主义或全球化呈现不同形式：经济全球主义、军事全球主义、环境全球主义、社会与文化全球主义。②

詹姆斯·密特曼（James Mittelman）教授自 1996 年以来先后出版了四本关于全球化的专著：《全球化：批判的反思》《全球化、和平与冲突》《全球化的未来》《全球化综合观——变革与阻挡》。在他的这些著作中，他认为，全球化代表一个历史阶段，它不断地排除人员及其观念自由流动的障碍，把许多不同的社会

①　陈定家. 全球化与身份危机 [M]. 开封：河南大学出版社，2004：54.
②　陈定家. 全球化与身份危机 [M]. 开封：河南大学出版社，2004：54.

融入一个体系。① 强调了全球化的核心观点是全球化不是单一的统合现象，而是过程和活动的综合化。全球化是在全球政治经济框架内人类活动环境特征的最高模式。并且他认为，从根本上说，全球化是世界范围内的互动体系，本质是全球政治经济一体化的趋势，这即是他的全球化本体论分析。②

在上述诸多的学说和研究著述中，何谓全球化这一问题显得多义而纷繁。但总体而言，这一概念的关键构成要素包括：经济、政治、文化、多元化、一体化、时间、空间、历史阶段、信息等，从不同的角度出发，关于什么是全球化，将会有不同的答案。

从经济角度，全球化被看作是经济活动在世界范围内的相互依赖，形成世界市场，资本超越民族国家的界限，在全球自由流动，资源在全球范围内配置；从体制角度，全球化被看作资本主义的全球化或全球资本主义的扩张，并且这种扩张不仅是一个经济过程，而且是政治、文化过程，更确切地说是三者统一的过程；从制度角度，全球化被认为是现代性的各项制度在全球扩张；从文化和文明角度，全球化被认为是人类各种文化、文明发展要达到的目标，是未来的文明存在的文化。它不仅表明世界是统一的，而且表明这种统一不是简单的单质，而是异质或多样性的共存；从信息角度，全球化被认为是人类可以利用先进的通信技术，克服自然地理因素的限制进行信息的自由传递。③

① 陈定家. 全球化与身份危机［M］. 开封：河南大学出版社，2004：56.
② 陈定家. 全球化与身份危机［M］. 开封：河南大学出版社，2004：56.
③ 杨雪冬. 西方全球化理论：概念、热点和使命［J］. 国外社会科学，1999（3）.

综合而言，本书认为，全球化是指涉及经济、政治、文化、社会、思想、信息等一切领域的复杂的、多维度的、动态的、不均匀的、一体化进程，是在世界范围内产生的一种内在的、不可分离的和日益加强的相互联系，是一个充满差异和断裂的过程，也是特定条件下思考问题的方式，是人类社会发展的必然历史阶段。

第二节　全球化文化维度的影响与走势

全球化过程本质上是一个内在地充满矛盾的过程，是一个矛盾的统一体，它既包含一体化的趋势，又包含分裂化倾向，既有单一化，又有多样化，既是集中化，又是分散化，既是国际化，又是本土化。全球化是一个合理的悖论，是人类发展的真谛。随着经济生活的一体化，政治和文化迟早也会出现同质化现象，所以全球化还是一种文化现象。①"文化全球化"的概念也由此呼之欲出。对"文化全球化"概念的界定、历史进程、影响与走势的分析将为我们掀起"文化全球化"的神秘面纱，辨析争议，为合理化认知提供参照。

（一）"文化全球化"及其演变

20世纪80年代末90年代初，全球化研究的重心发生了向文化领域的转移，逐渐形成了一个新的理论空间——"文化全球

---

① 俞可平. 全球化研究的中国视角 [J]. 战略与管理，1999（3）.

化”研究。作为一个动态的、悖论性的过程，全球化没有一个单一的逻辑，在文化领域也呈现出错综复杂的状况。众多学者都对"文化全球化"进行了个性化的论述，正如国内学者俞可平所归纳的那样，当代"文化全球化"研究非常庞杂，"其中有直接从文化和文明角度入手，研究全球化的罗伯森、费瑟斯通等人，有沃勒斯坦、弗里德曼等这样的试图把文化和文明因素融入自己既有的理论体系中的学者，也有斯克莱尔、海因兹这样的试图建立一套能够把政治、经济、文化等诸多因素结合在一起来诠释全球化的学者，还有吉登斯这样的侧重从制度角度看待全球化的学者，更有如亨廷顿、福山这样隐含意识形态色彩来看待文化和文明的极端自由派学者"①，而对什么是"文化全球化"的理解也随着历史进程逐步明晰。

罗兰·罗伯森（Roland Roberson）在 1990 年出版的代表作《全球化——社会理论和全球文化》一书，将被认为是"纯粹的"经济和金融界的现象引入社会文化领域起了极大的推动作用。②罗伯森指出，文化在人类社会生活中的地位极其重要，当前全球化研究存在着不少缺陷，对文化的忽视正是其中之一，"认为不探讨从目前有关文化的政治、文化资本、文化差异、文化同质性和异质性、族群性（ethnicity）、民族主义、种族、性别等等争论中产生的问题，人们也可以合理地说明当代世界，这整个想法就

---

① 俞可平. 全球化时代的"社会主义"——九十年代国外社会主义述评 [M]. 北京：中央编译出版社，1998：43.

② 王宁. 全球化时代的文学及影视传媒的功能：中国的视角 [J]. 文学评论，2002（4）.

令人难以置信"①。罗伯森的"文化系统论"的观点认为，作为一个整体的全球场，是一个因各种文明的文化、民族社会、国内和跨国的运动和组织、亚社会和族群集团、社会内部的半集团（intra-societal quasi-groups）、个人等的压缩——就这种压缩越来越对它们施加种种制约，同时又赋予它们不同权力这一点而言——形成的社会文化"系统"。②

罗伯森关于"文化全球化"的观点对后世影响较大，费瑟斯通（M. Featherstone）在 1990 年主编的《全球文化》论文集中提到，如果没有罗兰·罗伯森在全球化研究上先行一步，就不可能有这个论文集。罗兰·罗伯森在 20 世纪 80 年代早期的《理论、文化和社会》杂志上早就探讨过这一系列特殊的问题。这些问题的概念化和最终的论文集很大程度上得益于我们长年以来的讨论以及他的诸多建议和意见。

伊曼纽尔·沃勒斯坦（Immanuel Wallerstein）在"文化全球化"开拓理论空间的过程中，发生了"文化转向"。1990 年以后，沃勒斯坦开始对自己原有的研究方法进行修改，将文化概念纳入世界体系理论当中，这在他给费瑟斯通主编的《全球文化》论文集提交的两篇文章中有所体现。在这两文中，他分析了文化的两种用法，并剖析了作为思想体系的文化与资本主义世界经济的关系。此后，剑桥大学出版社结集出版了他的《地理政治和地

---

① ［美］罗兰·罗伯森. 全球化——社会理论和全球文化［M］. 梁光严，译. 上海：上海人民出版社，2000：207—208.
② ［美］罗兰·罗伯森. 全球化——社会理论和全球文化［M］. 梁光严，译. 上海：上海人民出版社，2000：88.

理文化》一书，在书中沃勒斯坦力图从文化或者文明角度来思考问题，指出文化是对抗现代化世界体系不平等的一块战略要地。他还通过对文明概念的分析展望了全球化的文明前景，认为资本主义也只是文明的一种，并非唯一的文明，资本主义的全球化将由于其他文明崛起受到挑战，未来的全球化应是全球多种文明的共存。沃勒斯坦的"文化转向"在一定程度上丰富和发展了世界体系论，为"文化全球化"研究做出了贡献。

福山（Francis Fukuyama）和塞缪尔·亨廷顿（Samuel P. Huntington）则对全球化背景下的文化或文明状况的思考充满了浓厚的意识形态色彩。1989年，他在由美国自由出版社出版的《历史的终结和最后的人》一书中，提出了"历史终结论"的观点，指出由于资本主义经济体系、政治制度和价值观念是一个整体，因而作为意识形态上层建筑的自由民主政体的全球性胜利，也是作为思想上层建筑的西方文化的价值观念的全球性胜利。

1993年，亨廷顿在《外交事务》上发表了《文明的冲突?》一文，认为未来全球的冲突主要是文明的冲突。1996年，他发表了《文明的冲突和世界秩序的重建》一书，在坚持上述观点的同时又进一步深化，认为现代化不会导致西方与非西方在文化上趋同，西方文明的价值观和文化吸引力在减弱，非西方社会的现代化和经济发展会使其走向"本土化"或"本国化"，它们将重新认识自身文化的价值，自觉维护自己的文化传统。说福山是从意识形态入手，推衍出自由主义价值观念的全球性胜利以及西方文化的强势地位，强调"文化全球化"的统一性、同质性方面；亨廷顿则从现代世界的文明冲突入手，突出"文化全球化"异质性、排他性的一面，隐含了强烈的意识形态意味。

詹姆逊（Fredric Jameson）以经济文化的互动交织来定位传播性的全球化概念，对全球化与文化的关系做出了"经济文化式"分析。他认为，全球化是一个传播性概念，它交替地掩盖与传递文化或经济含义。但他又认为单将传播作为全球化概念的焦点在本质上是不完整的。在他看来，当代传播的发展再也不具有"启蒙"的寓意，而是具有新科技的内涵。这一传播性概念既具有了一个完整的文化层面，即被赋予了一个更为恰当的文化层面的所指或意义，对于传播网络扩展的假设已被暗中改换成某种关于一种新的世界文化的消息，同时，又被暗中改换为一种对于世界市场与其新建立的相互依存关系的看法。一场特大范围内的全球性劳动分工，以及充斥着商贸与金融内涵的新的电子商务路径，即它的经济方向。所以，詹姆逊认为作为与传播性概念的全球化密切相关却并不相称的两面，产生出了两种不同类型的观点：如果只强调这种新传播形式的文化内涵，那它将会逐渐表现出对差异与分化的一种后现代的颂扬，瞬间会感到世界上所有的文化都处于彼此相容的关系中，形成了一种广瀚的文化多元主义，让人很难抗拒；但如果倾向于对全球化经济方面问题的思考，那么它又会受到哪些经济准则和意义的影响，人们会发现这一概念变得越来越暗淡晦涩。他认为，这里占据显著地位的是不断加强的同一性，而不是差异性。①

---

① ［美］杰姆逊，［美］三好将夫．全球化的文化［M］．马丁，译．南京：南京大学出版社，2002：57．

约翰·汤姆林森（John Tomlinson）对"文化全球化"题中的"文化帝国主义""全球文化"等问题进行专门研究。1991年，汤姆林森写出专著《文化帝国主义》，从分析20世纪60年代出现的"文化帝国主义"术语和讨论该命题应遵循的原则入手，从四种角度和语境剖析了文化帝国主义，即文化帝国主义作为"媒介帝国主义"的一种话语，文化帝国主义作为一种"民族国家"的话语，文化帝国主义作为批判全球资本主义的一种话语，文化帝国主义作为现代性的批判。虽然这四种言说文化帝国主义的方式都各有它的文化观点和政治关怀，但都可以归结为批判现代性的话语，因为资本主义、民族国家与大众传播都是现代社会的独具特征，它们共同决定了现代性的文化景况。在结语中，汤姆林森指出："我们先前所讨论的种种关于文化帝国主义的论述，其实可以从全球势力之不同方位结构来加以诠释；这样的方位结构，正是这些'崭新的时代'的特征，它取代了我们熟知的所谓'帝国主义'的全球势力分布图。直到60年代，帝国主义这个词正足以形容时代之特征，但现在，'全球化'已经取而代之。"①

1999年在《全球化与文化》一书中，他不仅力图建构一种相辅相成的关系："全球化处于现代文化的中心地位；文化实践处于全球化的中心地位。"而且对"全球文化"的种种观点进行了总结：第一种是乌托邦式的看法，主要表现为种族中心主义的文

---

① ［英］汤姆林森. 文化帝国主义［M］. 冯建三，译. 上海：上海人民出版社，1999：328.

化设想、18 世纪和 19 世纪有关世界文化的各种乌托邦式的思索等；第二种是非乌托邦式的看法，认为全球文化多多少少倾向于成为一种霸权式的文化，即文化帝国主义；第三种是怀疑的观点，认为我们今天处于一个明显分化的世界，种族、宗教和民族的仇恨在加剧，认同感和价值观不确定，尤其是"冷战结束以后，'国际新秩序'的承诺几乎在瞬间就消失了，这是当今全球文化怀疑论的一个重要来源"①。

尽管"文化全球化"被西方学界争论已久，但目前仍无法进行一个准确的概念界定，以上诸多观点代表了对"文化全球化"这一概念范畴的理解。更直接观点，如在赫尔德（David Held）等人看来，"文化全球化"就是文化关系和文化实践的延伸和深化。②

与西方的"文化全球化"研究相比较，国内"文化全球化"研究起步较晚，但一批学者在这一领域进行了深入开掘，尽管在深度和广度上有待于进一步推进，但他们的研究为中国后来的研究开辟了新的理论场域和视界。③

---

① [英] 汤姆林森. 全球化与文化 [M]. 郭英剑，译. 南京：南京大学出版社，2002：108—114.

② [英] 戴维·赫尔德，等. 全球大变革：全球化时代的政治、经济与文化 [M]. 杨雪冬，等译. 北京：社会科学文献出版社，2001：460.

③ 王宁. 全球化与文化：西方与中国 [M]. 北京：北京大学出版社，2002；金惠敏. 论全球化作为文化 [J] 马克思主义美学研究，2008（1）；高永晨. "文化全球化"与跨文化交际研究 [J] 苏州大学学报，1999（4）；金民卿. "文化全球化"与中国大众文化 [M]. 北京：人民出版社，2004；王述祖. 经济全球化与"文化全球化"——历史的思考求证 [M]. 北京：中国财政经济出版社，2006；赵冠闻. 对"文化全球化"的不可能性的分析 [J]. 理论界，2006（5）；于沛. 反"文化全球化" [J]. 史学理论研究，2004（4）.

金惠敏认为，目前在国际范围内的理论界都倾向于将"全球化"视为"文化"，但是，究竟在什么意义上我们可以如是观之？对此，尚缺乏一种系统的观点。他力争打造出对于"全球化作为文化"这一命题的一个综合性的观察模式。

他从英国文化理论角度入手，认为全球化根本上就是经济全球化为经济所驱动，以经济为直接目的。但是经济作为人的活动另一方面又是文化性的，甚至如果依照英国文化研究所采取的一个人类学的"文化"定义，它以文化为"生活方式"，那么经济本身即是"文化"，并且由于经济活动在人类生活中所居于的核心位置，它最基础、最日常、最必需，因而它或许应被看成最基本的文化存在形态。常见有学者将"经济全球化"与"文化全球化"相提并论。如果不是出于对文化的强调或为着某种论述的方便，这在内容上、形式逻辑上毫无意义，因为简单说来，经济即文化。既然经济的即文化的，那么以经济为主导的全球化当然也是文化的全球化。①

有研究者指出，"文化全球化"就是各民族文化通过交流、融合、互渗和互补，不断突破本民族文化的地域和模式的局限性而走向世界，不断超越本民族文化的国界并在人类的评判和取舍中获得文化的认同，不断将本民族文化区域的资源转变为人类共享、共有的资源。②

有论者指出，"文化全球化"有着自身的内涵，它是指世界

① 金惠敏.论全球化作为文化 [J].马克思主义美学研究，2008（1）.
② 高永晨."文化全球化"与跨文化交际研究 [J].苏州大学学报，1999（4）.

各种文化形式在"互融"与"相异"的两维张力的作用下，在全球范围内的流动与互动，从而日益趋于同步的、共通的发展。"文化全球化"主张的是一种"和而不同"之"和"，亦即多向文化流动和融通而产生出多元的文化组合形态，而非各种文化趋于同一之"同"。①

还有论者认为，"文化全球化"是指在生产力发展驱动之下，世界各种文化主动地或被动地在时间和空间维度上的全球扩散，其间既包含着异质文化跨国或跨地区的文化认同和价值认同，又孕育着不同文明之间的冲突的升消和磨合，"文化共在"和新的"全球化文化"是其并行不悖的两种表现形式。②

有的论者从更宏观的角度来对"文化全球化"进行观照，指出"文化全球化"这个概念包括客观进程、主观战略和主客观相互作用的发展过程三个层次的内容。全球意识的形成是客观现实，西方文化扩张是主观战略，消费文化盛行的国际趋势是实际进程。③

关于什么是"文化全球化"一时间众说纷纭，学界对理论阐释的热情空前高涨，也因为"文化"和"全球化"这两个概念本身的多义与繁复性，而导致了多角度的再阐释。"文化全球化"在中国学界并没有取得较为明晰的概念性表达。

但结合上文所述的种种对"文化全球化"的理解，本书认为，"文化全球化"是指人类文化行为超越民族疆界的大规模活

① 刘悦笛，佑素珍. 论"文化全球化"[J]. 学术论坛，2002（1）.
② 孙晓玲. "文化全球化"再定义 [J]. 中华文化论坛，2003（4）.
③ 叶虹. "文化全球化"的形成及其后果 [J]. 浙江师大学报，2000（1）.

动，是各种文化要素（语言、文字、文学、艺术、思想理论、价值观念、生活方式等）在世界范围内的传播和交流，全球化是商品、钱、人、图像、技术、知识、思想等各种客体和主体，在全球范围内以前所未有的广度和速度流动，"文化全球化"是世界性的文化认同、价值认同和实践认同的发展趋势。在全球化进程中，世界各种文化通过多种渠道在全球化范围内流动与扩散，经过交流、冲突、融合、互渗和互补，形成多元文化组合的同时，也促进本民族文化发展和传播，文化同质化与异质化是这一现实进程和趋势的一体两面。

（二）"文化全球化"的影响

"文化全球化"的影响，也即是全球化对文化的影响。针对这一问题，学界争论不休，而论争的主要目标集中于："在'文化全球化'的趋势下，文化到底将如何发展"这一现实而重要的问题。而文化的走向又与本书论题"旅游文化"的关联尤其紧密。

在西方理论家中，戴维·赫尔德（David Held）等人在其所著的《全球大变革》中指出，在关于"文化全球化"的性质和影响的当代争论中，主要有极端主义者、怀疑论者和变革论者三种。形成了目前关于"文化全球化"影响的主流观点。①

极端"文化全球化"者认为经济全球化所产生的力量使一切

---

① ［英］戴维·赫尔德，等．全球大变革：全球化时代的政治、经济与文化［M］．杨雪冬，等译．北京：社会科学文献出版社，2001：3—4.

局限在民族国家范畴内的制度、观念、意识形态被摧毁，世界文化向同质化迈进，美国大众文化、西方的个人主义思想、自由民主制度在全球占据了统治地位，"历史终结"了。

怀疑论者，以西方马克思主义者和第三世界的一些学者、官员为代表。他们认为与民族文化相比较，全球文化具有空洞性和暂时性，而且，由于世界主要文明的地理政治隔阂，文化差异和文化冲突具有持续的重要性。世界文化是多样性的，"文化全球化"是不可能的，西方国家鼓吹文化全球无非是想侵蚀其他国家的文化，干涉别国内政。"全球化的过程是世界'麦当劳化'"；"全球化过程中，多样的文化表现形式被消灭，并为一种商业化、个人化的资本主义竞争文化所取代"。①

文化极端派和怀疑论者又被凯·哈菲斯分别称之为乐观主义派和悲观主义派：因为"乐观主义派认为一种新的'全球化文化'正处于产生之中。这种文化意味着文化区特征的进一步混合发展，在某种意义上也意味着克服人们之间的语言和文化障碍，实现人权理想；而悲观主义者认为不是发生混合，而是西方结构的过渡化。它使发展中的文化边缘化，并要求进行适应调整，全球化是一个文化侵略的过程"②。

变革论者以英国的吉登斯、赫尔德，德国的贝克、哈贝马斯，美国的罗伯森为代表，认为"文化全球化"是社会变革的结

---

① ［英］戴维·赫尔德，等. 全球大变革：全球化时代的政治、经济与文化 ［M］. 杨雪冬，等译. 北京：社会科学文献出版社，2001：3—4.
② ［德］赖纳·特茨拉夫. 全球化压力下的世界文化 ［M］. 吴志诚，韦苏，等译. 南昌：江西人民出版社，2001：63.

果，它是全球化多维空间的一个维度，它极大地推动了社会的现代性，而且在赫尔德等人看来，"形象与符号的剧烈运动以及思维模式与交流模式的广泛传播是 20 世纪晚期和新千年的独有特征"，"文化与人口的融合与交流将产生混合变化的全球文化网络"。①

上述三种观点，又可以化约为趋同论、异质论与融合论，其主要观点和内容与戴维·赫尔德等人所持相近。而这三种观点争论的实质在于，"文化全球化"进程中，文化到底是同质化还是异质化，抑或是产生第三种文化，也即是二者互融并存。

所谓的文化同质化是指，全球文化的一元化、西方化。在文化同质化论者看来，"文化全球化"是以某一既定的社会理念或价值观系统为前提预制的单极化或一元化。也就是说，"某种强势的社会理念或者是由某些强势的社会政治、经济和文化力量所支撑的文化价值观系统，将被强行地确定为现代全球化运动的既定目标并加以强行推进"②。简单地说，"文化全球化"就是文化的一体化和同质化，是西方文化（强势文化）、价值观念在全世界的传播，进而将"文化全球化"等同于"文化西方化"。将"文化全球化"的影响或后果视作文化同质化的观点未受到认可。

文化的异质化则是指不同民族和国家文化的独特性在全球化进程中不断扩大的过程和趋势，主要体现为文化特殊性的彰显，

---

① ［英］戴维·赫尔德，等. 全球大变革：全球化时代的政治、经济与文化［M］. 杨雪冬，等译. 北京：社会科学文献出版社，2001：457.

② ［美］乔纳森·弗里德曼. 文化认同与全球性过程［M］. 郭建如，译. 北京：商务印书馆，2003.

不同文化间矛盾、摩擦、冲突等的增多。在文化异质化论者看来，文明和文化之间的冲突永远不会消失，而一种一元的"全球文化"在现实中无法实现。

应该说，文化的同质化与异质化是在"文化全球化"进程中的一体两面，一种矛盾共存现象，正如弗里德曼（Jonathan Friedman）所言，当出现"地方的对全球的包围"时，也存在着"全球的对地方的包围"。①

既然同质化与异质化同时共存于"文化全球化"的进程中，二者的理论导向和实践过程又截然相反，那么，"文化全球化"的影响或称之为后果终将通向何方？这即是第三种观点，文化变革论或称之为融合论，也即说"文化全球化"将产生文化同质化与异质化的融合，出现第三种文化——多元共存的全球文化。

英国学者 M. 费瑟斯通（Featherstone）在给一专题杂志写的导言中提出了全球文化出现的可能性问题。他认为全球文化的相互联系状态的扩展也是全球化进程，它可以被理解为导致全球共同体即"文化持续互动和交流的地区"的出现。这种全球文化应该是文化的多元化。在他看来，全球化包含了特殊主义的普遍化，而不只是普遍主义的特殊化。日趋全球化的世界文化中的异质性和多样性实际上已成为全球化理论不可或缺的组成部分。②

美国学者罗兰·罗伯森（Roland Robertson）认为全球化和本土化相互作用的一个直接结果就是"全球本土化"（glocalization）

① ［美］乔纳森·弗里德曼. 文化认同与全球性过程［M］. 郭建如，译. 北京：商务印书馆，2003.

② 杨雪冬. 西方全球化理论：概念、热点和使命［J］. 国外社会科学，1999（3）.

现象的出现，即全球化不可能全然取代本土化，本土化也不可能阻挡住全球化的浪潮。这二者之间始终存在着某种可伸缩和谈判的张力，有时全球化占主导地位，有时本土化占主导的地位。这种情况在文化领域中最为明显。他认为文化上出现的全球化现象并非只是单一的趋同性，它也可以带来多元的发展。因为各民族的文化都有着自己的特性，若想掩盖或者抹去这种特性，就只能导致世界文化的倒退。所以，他将全球化描绘为"普遍的特殊化和特殊的普遍化的双重过程"。

世界体系论代表人物沃勒斯坦也同样认为单一世界文化的概念面临强烈抵制，它必然会受到政治沙文主义和多种反主流文化的反对。世界历史的发展趋势，与其说是朝向文化同质化，毋宁说是走向文化分化与复杂化。① 全球文明论者玻尔马特（H. V. Perlmutter）也指出，目前的全球化是第一个真正的全球文明的前导，全球化就是为了要创造一个世界文明，在这个世界文明中有一种全球"融合"的动态形式。他把这种动态"融合"看作一种不同的甚至是对立方面的相互协调的过程。②

在这个意义上，可以这样来形容当代"文化全球化"，即当代"文化全球化"是"多元共在论"对抗"西方文化一元论"占主流的时代，它是"文化全球化"的本质要求。

在这里更赞同融合论或变革论中所持观点。"文化全球化"或者更准确地说当代"文化全球化"的后果或影响主要在于"多

① 杨雪冬. 西方全球化理论：概念、热点和使命 [J]. 国外社会科学，1999 (3).
② 杨雪冬. 西方全球化理论：概念、热点和使命 [J]. 国外社会科学，1999 (3).

元全球文化"的形成，这将是一个不断完善和持续的过程。如费瑟斯通所主张的那样，"文化全球化"可以产生"第三种文化"，而多元全球文化是一种融合文化，其表现形式为"全球地方化"，其主要实践途径为消费文化的传播。多元全球化将超越全球与地方对立的二元主义，更加注重于二者相互影响和融合。

之所以将"文化全球化"的影响界定为"多元全球化"，是因为在"文化全球化"的论域中，"文化"这一概念具有多样性和使用前提。只有明确这一点，才能明晰地说明多元全球化的含义。

在提及"文化全球化"时，首先明确它是全球化进程中的一个层面或一个维度，与经济全球化、政治全球化相提并论的一个层面，"换言之，我们所探讨的'文化'实际上是指一个国家和民族所具有的思想、观念、风俗习惯、思维模式和行为模式等，它和经济、政治互为关联，文化精神终究要通过人们的经济行为、政治活动以及日常生活等体现出来，但是它又有着自身的独立性"①。

也即是说，"文化全球化"论域中的文化是有限定的所指的。而从文化的概念上来分析，文化又可分为深层文化和表层文化。"深层文化指的是一个民族的思维和行为模式，同时又是指这个民族的信仰和价值取向，而一个民族的语言、艺术、宗教、哲学等则是这种深层文化的载体；表层文化是指被经济发展所决定的人们的生活方式、教育观念、科学技术、管理模式、语言等等文化形式。'文化全球化'的发展趋势是深层文化多元性和表层文

---

① 黄皖毅．关于"文化全球化"的思考［J］．中国青年政治学院学报，2003（2）．

化趋同性的辩证统一。"①

因此，"多元全球化"是指在深层文化的多元，而在表层文化上的全球化。这是一个符合"文化全球化"实际和发展趋势的表述。

显然，对"文化"一词的理解方式可以有多种多样，正如有的学者指出的那样，"对于这么一个宽泛的术语，这么一个包含了多层次意思的概念，要用'全球化'来加以统领则未免失于简单。即使我们将文化的内涵限定在意识形态、社会制度、生产方式和生活习俗等四个方面，'文化全球化'这一命题仍然难以把这些方面都包括进去"。而"如果我们将当代跨国文化交流与世界经济贸易的运作联系起来，将经济全球化中商品的流动考虑进来，那么，我们就会发现经济全球化在文化领域里引发的直接后果首先就是消费文化在全球范围内的传播，即当代消费文化作为商品在世界市场上的流动"②。因此，多元全球化在实践领域内的首要方式是消费文化在全球范围内的传播。

应该说，"文化全球化"的研究已形成一定的模式和研究域，拓宽了全球化研究的视域，对"全球文化"、文化的世界性和民族性、文明的冲突、文化帝国主义和文化消费主义等诸多层面的探讨，构建了一个广阔的理论空间。并且在学界已经形成了普遍主义/特殊主义、同质性/异质性、整合/分裂、一体/多样的二元思维框架。

---

① 贾凤姿，张小敏."文化全球化"的辩证思考［J］.辽宁大学学报，2007（6）.
② 江宁."文化全球化"：一个需要探讨的命题［J］.南京社会科学，2003（2）.

正如有的论者总结的那样，"一方面它注意到文化发展的统一化趋势，意识到带有某种人类共同性的新文化观念正在生成，一种普遍性力量正在发展，如罗伯森对具有同质性的全球文化的考察，费瑟斯通对超国界的、调和不同国家之间文化的'第三种文化'的重视，以及汤姆林森对认同一种共同的生活方式、消费模式的消费文化、媒介文化的分析等等；另一方面它也反对认为全球化就是文化整合和同质化发展的观点，主张在全球化进程中，各文明或文化的差异性不仅没有消除，反而更加突出；全球化推动了文明意识的增强，各文明或文化更加了解自己，产生了强烈的身份归属的要求，如罗伯森对文化多元主义的考察，亨廷顿对非西方文明崛起的忧思，以及汤姆林森反对消除地方性差异的文化帝国主义观念等等"①。

但对发展和扩张中的"文化全球化"进程而言，理论永远处在前进之中，领域永远处在扩张之中。进入 21 世纪后，西方学界对"文化全球化"的研究更深入，其中，阿君·阿帕度莱作为目前活跃在西方全球化研究领域的领军人物之一，提出了全球文化景观理论，他为全球文化分析建构的五个维度（或五种图景）分别是人种图景（ethnoscape）、科技图景（technoscape）、财金图景（financescape）、媒体图景（mediascape）、意识形态图景（ideoscape）。阿帕度莱的全球文化景观理论从方法论上开启了全球化研究领域的新通道。而"文化全球化"的影响在旅游领域内越来越受到重视，其间复杂联结的廓清将为我们开拓出"文化全球

---

① 黄皖毅. 国外"文化全球化"研究述介［J］. 华东理工大学学报，2005（1）.

化"在旅游及旅游文化领域内的全新图景。

第三节 全球化文化维度的发生途径

作为一种现实进程和趋势,全球化的文化维度(文化全球化)有其发生的必然途径。如前所述,"文化全球化"的影响,也即全球化对文化的影响,那么"文化全球化"是经由什么途径对文化产生影响的呢? 理解或明晰"文化全球化"的发生途径对看待"文化全球化"的影响或后果有何意义? 对应对"文化全球化"有何现实借鉴? 这一系列问题在当前的"文化全球化"研究中并未引起足够的重视。关于"文化全球化"的"途径、渠道"或称之为"方式",在"文化全球化"的研究中本身自成体系,这是一个极富张力的论域。

(一)"文化全球化"的内驱力——资本的扩张,还是现代大工业生产方式?

如果要问"文化全球化"缘何发生,或者转换为其发生的动力和诱因是什么,对"文化全球化"持不同意见的论者会给出不同的答案。

一种观点认为,"文化全球化"是现实的进程与趋势,决定它的根本因素是现代大工业生产方式。这种观点指出,决定文化的根本因素是人类的社会实践,文化即是对人类一定历史阶段的社会实践的主观反映。认为"文化全球化"萌芽于地理大发现，但真正开创则是始于18世纪末期工业革命所开启的现代大工业生产方式。

具体原因在于：一是现代大工业生产方式凭借生产工具的迅速改进、交通的极其便利、世界市场的不断开拓，开创了经济的全球化，而经济全球化为"文化全球化"奠定了经济和社会基础；二是现代大工业生产方式促使交通工具和通信技术不断革新和日益发达，这使人类文化传播在空间上和时间上大为缩短，从而为"文化全球化"的实现提供了物质基础与手段；三是现代大工业生产实现了资本、商品、技术人员等在全球范围的快速流动（即交往的全球化），促使了不同文化体间的互动、共享与交融；四是在现代工业社会，许多与人类休戚相关的全球性问题凸显，诸如人口问题、环境保护问题、核问题等，这些问题促使"全球性"意识和行动的产生，推进了"文化全球化"进程。①

该论文还强调，现代大工业生产方式是开创"文化全球化"的根本的客观因素，但并不否认还有其他一些主观因素。正如许多学者所指出的，推动"文化全球化"进程的不仅仅是单纯的客观因素，其中也有主观因素。如西方一些发达国家为了消除其他民族和国家界限，极力在全球推行他们自己的价值准则。因此"文化全球化"是由主客观因素共同推动的一种现实进程和趋势。

也有论者指出，"文化全球化"显然也是以科学技术为核心的人类社会生产力的发展。因为作为人类文化生活的高度社会

---

① 魏海香．"文化全球化"焦点问题辨析［J］．社会科学，2007（5）.

化，只有以科学技术为核心的人类生产力有了相当的发展，才会使人类的生产活动以及其他各种活动超越民族国家的疆界，形成各民族国家、各地区之间的普遍交往和相互依存；只有交通运输工具、通信交流技术的突破性发展，才会有人类生活各个方面之间的普遍联系和密切关系，形成不可分割的有机体；"文化全球化"是人类的文化活动跨越民族国家疆界发展的必然结果。① 随着民族文化的不断发展、传播和交流，民族文化日益成为开放的文化，各种文化要素不可避免地跨越国界在世界范围内流动；"文化全球化"是不以人的意志为转移的客观趋势。不论人们愿意与否，它都会发生，任何一个民族国家也都无法回避；"文化全球化"是一个漫长、复杂和曲折的发展过程。各种不同特色的民族文化通过传播、交流、碰撞、互动、吸纳，不断地走向融合，改变着人类文化生活面貌，形成新的文化关系；"文化全球化"是人类文明进步的重要标志。它的总趋势与人类社会进步的方向相一致，符合人类历史发展的规律，推动和促进人类社会的繁荣与发展。

"文化全球化"既具有自然属性，也具有社会属性，是自然属性与社会属性的统一。其自然属性是指它以科学技术进步为基础、以生产力发展为根本动力，是人类的文化活动跨越民族国家疆界发展的必然结果，其发展过程是一个自然历史过程，体现着人类社会发展的一般规律。

与前两种看法不同的是强调资本作为"文化全球化"的原动

---

① 杨雪冬. 西方全球化理论：概念、热点和使命［J］. 国外社会科学，1999（3）.

力。如有论者鲜明地指出，"当下'文化全球化'以资本无限扩张的欲望为驱动力，以后现代文化状况和信息技术发展为两翼，从而振翅高飞、席卷全球"①。

该文从马克思、恩格斯的《共产党宣言》入手，指出马克思、恩格斯曾预见，资本不断追逐利润的需要推动世界市场的形成、生产和消费的世界性以及各民族间相互往来、相互依赖的增强，随之而来的是精神生产的世界性。换言之，是资本扩张的本性决定了全球化的必然趋势。正是由于资本主义的崛起，才有可能探测朝向全球化的一种连续的趋势，也正是由于资本主义进入全球化时代，才可以解释"文化全球化"凸现的根源。

文章还以埃伦·米克辛斯·伍德（Ellen Meiksins Wood）和詹姆逊的话作为佐证，埃伦·米克辛斯·伍德认为，现在资本主义第一次接近成为一种世界体系，"资本主义也是第一次真正渗透到生活的每一个领域"②。用詹姆逊的话说，"近年来跨国资本的庞大扩张，终于侵进及统辖了现存制度下前资本主义的据点（包括'自然'及'无意识'）"③，意在表明资本主义无处不在。

文章还指出，如今的文化也不再是曲高和寡的纯粹精神的东西了，而成为有利可图的生意。文化工业成为最赚钱的行当之一。文化商品的全球倾销，不仅可以带来高额的直接利润，而且通过西方生活方式、消费模式、价值观念的传播，重塑并稳固西

① 叶虹."文化全球化"的形成及其后果［J］.浙江师大学报，2000（1）.
② 叶虹."文化全球化"的形成及其后果［J］.浙江师大学报，2000（1）.
③ 叶虹."文化全球化"的形成及其后果［J］.浙江师大学报，2000（1）.

方需要的世界体系，能在其他领域为西方带来更多的、间接的、长期的利益。哪里有利润，哪里就有资本。正是资本对于利润的永不满足的胃口，使它从经济领域渗透至文化领域，推动"文化全球化"进程。

上述三个观点均论述了"文化全球化"发生的动力问题，不同的是，前两个观点认为，决定"文化全球化"的根本因素是现代大工业生产方式，而后一观点认为，资本无限扩张的欲望是"文化全球化"的驱动力。应该说这两种观点各有侧重。一种是从生产力、生产方式入手，利用经典的经济学理论，认为生产力的高度发达是一切社会现象的根源。内在论述逻辑是生产力高度发达形成经济全球化，进而推动"文化全球化"。另一种是从资本入手，认为资本的扩张本性推动了世界市场的形成，出现了经济全球化，进而影响到精神生产，并且精神生产（或者说文化工业）也带来利润，促进了资本在精神生产领域的扩张，从而实现"文化全球化"。二者的共同点在于都认为"文化全球化"是经过经济全球化发展而来，其不同点集中于资本与现代大工业生产方式哪一个是"文化全球化"的原动力。

本书认为，要追溯"文化全球化"的内驱力，就必须要回到"文化全球化"的历史进程，而"文化全球化"的历史进程又与全球化的历史进程紧密相关。因此，"文化全球化"的内驱力与全球化的内驱力有可能相互重叠，在一定阶段，"文化全球化"的内驱力可能会呈现出不同的特点。

就目前学界对全球化的理解来说，什么东西在驱动全球化的进程有四种不同的解释方法，其中一些阐释是根据物质（经济的和政治的）力量来表达的，而另一些则是将其归因于概念性的（文化与心理的）力量。

　　在西方学术视野中，第一种解释全球化的较为具体的理论框架是自由主义，从自由主义的角度来看，全球化是人们根深蒂固地追求经济繁荣和政治自由动力的体现；第二种解释则以"政治现实主义"为标签，将全球化的产生归因于国家对权力的争夺，但不一定否认技术与机构发展对发展全球化的重要作用；第三种解释，多为中国学者所熟知，即马克思主义用生产的资本主义模式的历史发展来解释全球化，认为是资本主义的生产模式促进了打造更广泛全球联系的技术与机构的发展。以上三种解释用不同方法发展了全球化的唯物主义解释，而第四种则在方法论上采取了唯心主义方法，即将全球化植根于文化或心理力量，如认为全球化起源于人们建构他们世界的方式，这不仅存在于他们的思想中，而且存在于与他人的主体间的联系中，这是一种建构主义的理论。而后结构主义理论家认为，全球化是西方现代主义的理性主义知识扩张和文化帝国主义动态发展的结果。①

　　上述的解释严格来说并未超出马克思主义用生产的资本主义模式的历史发展来解释全球化的范围，不论强调资本还是现代大工业生产方式，都是马克思政治经济理论中的关键词，不同的是资本扩张强调表象，而工业生产方式强调本质。对于"文化全球化"产生的文化和心理因素，或者说唯心方面的因素完全忽略。

——————

　　①　王宁. 全球化百科全书［M］. 南京：译林出版社，20119：306—307.

本书认为，"文化全球化"的内驱力在物质方面是以资本扩张为表象、工业化生产方式为实质的，而在精神方面，则表现为理性知识的扩张。正是因为文化全球化的内驱力是一个物质与精神的合力，因此在"文化全球化"进程中，实现"文化全球化"的途径不但包括物质层面途径，还包括精神层面的途径。

（二）"文化全球化"的现实途径——消费文化的传播与扩张

如前所述，"文化全球化"是一个固有的复杂进程，而在进程中将形成一种多元"全球文化"，对此有多种不同的阐释。对于深受马克思主义思想影响的学者而言，"文化全球化"就是某种西方的和美国的或者共同霸权加强的过程。这种观点认为，"文化全球化"的观念和做法主要是从世界经济制度中心开始传播，组织全球关系的原则显然也源于西方，蔓延在世界经济中的消费主义和新自由主义可以说明这一点。而从社会学角度来看，机构运行都由一套范式来指导，而范式的力量来自它们获得的内在合法性，因此，把"文化全球化"看作制定这种范本是最合适的。还有一些学者认为，全球化首先是一个全球变小的过程，在这个意义上，"文化全球化"指的是人们赋予这个过程以象征性形式的一个方法。同时把全球化看作是一个牵涉各种流动和参与的过程，"文化全球化"从而包含了多种流动性的含义。还有学者认为"文化全球化"包括跨文化沟通。①

本书认为，在"文化全球化"的现阶段，从世界经济中心开

---

① 王宁. 全球化百科全书［M］. 南京：译林出版社，2019：14.

始传播的消费文化成为"文化全球化"的现实途径。

首先，消费文化在当代成为占支配地位的文化再生产模式。消费文化的历史源远流长，与资本主义和社会体系之间存在着一种长久的互动关系，直接参与了近三百年来西方现代性的历史建构，而以大规模商品消费为特征的消费社会出现于 20 世纪。①

伴随着经济的全球化，文化的疆界也变得越来越宽泛甚至越来越不确定了，文化泛滥现象已经凸显在人们的眼前，大众文化和消费文化趁势崛起，从根本上改变了人们固有的精英文化观，为大多数人得以欣赏和"消费"的文化产品提供了可能性。后福特主义表明，西方社会从工业社会已向后工业社会转变，即从传统的以"生产"（制造）为中心的社会向以"消费"（包括消费服务）为中心的社会转变，而其特征则正如大卫·哈维（David Harvey）等学者指出的那样，近年消费领域发生了两点重要变化，一是非物质形态的商品在消费中占据了越来越重要的地位，一是符号体系和视觉形象的生产对于控制和操纵消费趣味与消费时尚发挥了越来越重要的影响。② 让·鲍德里亚（Jean Baudrillard）也指出："今天，在我们的周围，存在着一种由不断增长的物、服务和物质财富所构成的惊人的消费和丰富现象，它构成了人类自然环境中的一种根本变化。"③

后福特主义的消费者主权论也认为，在供大于求的过剩经济

---

① 罗钢．王中忱．消费文化读本［M］．北京：中国社会科学出版社，2003：11.

② 王宁．后现代社会的消费文化及其审美特征［J］．学术月刊，2006（5）：5—7.

③ ［法］让·鲍德里亚．消费社会［M］．刘成富，全志钢，译．南京：南京大学出版社，2001：1—2.

时代，需求和消费力成为制约经济增长的主要矛盾。它意味着大规模生产转化为小规模生产，一元化模式转化为多元化模式，大规模的统一市场转化为竞合型的小规模市场结构。生产形态的转化带来文化模式的转化，由此进入了今天我们称之为后工业、后现代、全球化的消费文化时代。①

其次，后现代主义与消费社会的密切关系。在詹姆逊看来，后现代主义与消费社会的密切关系就体现于消费文化的特征。作为一种对现代主义主流的既定形式的特殊反动而出现的后现代主义，其明显的特征就是消解了大众文化与精英文化之间的界限，标志着现代主义的精英文化的终结和后现代消费文化的崛起，而消费文化是在以大批量制作而闻名的后现代社会出现的一个独特现象。消费替代生产成为经济中心的直接结果是消费文化的凸显。它打破了旧存的交易关系，商家销售的不再是商品本身而是商品的符号价值，工业社会的物的消费由此转化为后现代社会的符号的消费，消费文化实际上是全球化时代对我们自身存在方式的一种诠释。②

再次，"文化全球化"通过社会精英文化和大众文化这两方面的媒介而扩散。与消费文化相关涉的两个特征是文化的商品化和大众文化的勃兴，而大众文化的兴起也确实挑战了固有的精英文化观念，但对于文化的全球化而言，这两者均是其发生或扩张的媒介。

---

① 陆扬. 消费文化与美国化问题 [J]. 学术月刊, 2006 (5)：13—16.
② 陆扬. 消费文化与美国化问题 [J]. 学术月刊, 2006 (5)：14.

塞缪尔·亨廷顿和彼得·伯杰（Peter Berger）在合著的《全球化的文化动力》一书中指出，当今正在出现的"文化全球化"是通过社会精英文化和大众文化这两方面的媒介而扩散的。社会精英文化包括两部分：一是商界和政界领导人文化，亨廷顿称其为"达沃斯文化"。它的根本动力是国际商务，本质是全球商业文化。二是与商业文化相伴的"学界文化"。它的运载手段包括学术网络、各种基金会、非政府组织，以及某些政府机构和政府间机构。推销的产品不是跨国公司的货物，而是知识分子的一套意识形态和行为方式，如人权观念、女权主义、环境保护主义和多文化主义等意识形态。大众文化却向世界各地的广大民众渗透，其幅度之广是惊人的。而宣扬大众文化的有各行各业的企业，如阿迪达斯、麦当劳、迪斯尼或一些 MTV 公司（音乐电视）等。与社会精英文化不同，大众文化的消费大多是表面性的，对人们的信念、价值观或行为并未有深刻的影响。一个人也许可以穿牛仔服，吃汉堡包，甚至看迪斯尼卡通片，然而在思想和行为上仍然拘泥于某一种传统文化。因此，大众文化的全球化速度是最快的，影响范围是最广泛的。①

最后，作为典型的消费文化，美国文化已推向全球。消费文化被作为西方先进的科学技术、先进的商业以及令人艳羡的西方生活方式的代表推销到世界各地，在全球化浪潮的推动下，即使我们今天置身于世界上最偏僻的角落，也能呼吸到它的气息，蒙

---

① ［美］塞缪尔·亨廷顿. 全球化的文化动力：当今世界的文化多样性［M］. 康敬贻，林振熙，柯雄，译. 北京：新华出版社，2004：引言.

受到它的影响。①

消费文化的特征是消费者不再把物的基本特性即实用价值放在首位，而主要是在消费中体验物带来的身份认同和彰显社会等级的快感。研究美国文化全球泛滥的原因，有必要考察其背后的国家背景，即美国政府和文化企业用来微调经济利益、文化内容和有关对外政策的机制和方式。

有学者指出，美国文化能够推向全球，在很大程度上有赖于美国的媒体，但是，这一过程并非完全是文化使然，更多是依凭美国的经济、政治甚至军事力量。正是后者主导了入侵、抢占和控制其他国家文化市场的美国文化全球泛滥的逻辑。②

应该指出，消费文化的传播是当代"文化全球化"的现实途径。之所以强调"当代"，是因为"文化全球化"这个历史进程，处于未完结的前进过程。"文化全球化"并不是新生事物，伴随着欧洲的扩张，通过新的船运和军事技术，在商业和宗教领域内出现了重要的思想流动，这被称作"第一个全球化"。而随着19世纪由于汽船、铁路和电报的发明而兴起的全球化浪潮，"文化全球化"的进程得到了长足的发展，其中有组织的旅游业使更多的人参与了文化互动。从二次世界大战开始，"文化全球化"的实践范围和影响在又一次的全球化浪潮中扩大了，意识流动越来越频繁，全球文化产业已将文化的一些形式，包括电影和电视节

① ［法］让·鲍德里亚. 消费社会［M］. 刘成富，全志钢，译. 南京：南京大学出版社，2001：2.
② 陆扬. 消费文化与美国化问题［J］. 学术月刊，2006（5）：13—16.

目，转变成适合传播的物品。

而在当代，"文化全球化"借由消费文化的扩张与传播更加扩张了其影响。有论文指出，"文化全球化"的客观进程浸透着西方文化扩张的强烈主观意图，全球化的方向是单向（西方指向非西方）多于双向、多向，使其客观的演进过程实质上成为资本主义文化新扩张。"文化全球化"的真面目是全球文化西化、"美化"。①

当然，以美国为代表的消费文化强势介入，普遍造成了"文化全球化"即是美国化的错觉。但由此认为全球文化即是西化和美化，则在无形中消解了"文化全球化"进程当中最重要的一个环节，即地方化的反抗力量。

（三）"文化全球化"的直接途径——旅行或迁徙与电子媒介

在特定的历史时期，旅游或迁徙是全球化的重要推动力量。在电子媒介产生后，电子媒介成为全球化的最为有力的扩张力量。无论在现代社会，还是后现代社会，这二者，旅游与电子媒介均在其中同时发挥着重要作用，促进或推动全球化的进程，文化的全球化亦是如此。

旅行或迁徙是文化传播和扩张的重要方式。旅行与迁徙在现代性视野中经常被喻指为文化的流动性，那些层出不穷的关于旅游、游牧、迁徙、跨越边界和生活于边界的文献即可说明这一

---

① 叶虹. "文化全球化"的形成及其后果 [J]. 浙江师大学报，2000（1）：12—14.

点。文化的流动性必然带来不同地域文化之间的冲突与交融，于是全球化与地方化在文化领域可谓"激情碰撞"，文化的全球化进程也由此不断延续。对此，迈克·费瑟斯通（Mike Featherstone）进行过颇为深入的研究。

他指出，流动和旅行的再生产力量之间的关联，在西方文化中是一个强有力的主题，尤其是艺术与文学当中。人们常常把旅行看作有助于消解习惯性的范畴，一种嘲弄文化失序的方式，类似于某些后现代理论中可以找到的东西。虽然可以把后现代当作这些新浪漫主义主题目的一种延续，不过在当代生活中仍然出现了它与后殖民理论都加以关注的流动性的新面相。

他进而指出，这种新面相主要表现在两个方面：一方面，与全世界人口流动的增长有关——大量的旅居者、避难者和流动工人意味着"他者"再不是探险家、旅行文人、旅游者在世界上的遥远角落带有异域色彩的地点中寻找的对象；他者与我们共同工作和生活在国际大都市的土地上。另一方面，与信息和影像的流动相关，它们同样也推动了全球浓缩的进程。

最终，可以说我们面对的世界不仅充斥着流动的主体，而且充斥着流动的客体；或者说在这个世界里当主体与客体在一个加速流动的信息场域中交汇并发散出去时，两者之间的区别就逐渐缩小和消失了。①

这段精辟却较为跳跃的论述有其内在的逻辑，把旅行看作是

---

① ［英］迈克·费瑟斯通. 消解文化：全球化、后现代主义与认同［M］. 杨渝东，译. 北京：北京大学出版社，2009：177—178.

一种文化的流动，置于后现代理论框架之下，意味着远方的"他者"或称之陌生的文化脉络已与本地文化共生，文化无时无刻不处于交融之中，而信息和影像是以电子媒介为载体的，也即电子媒介促进了全球化的进程。而作为流动主体的人与流动客体的文化，在同一个场域内的互融性将逐步加强。

旅行作为最直接促进文化流动也就是文化的全球化的方式之一，可谓历史久远。18世纪中叶在西方传统中逐渐变得重要的大旅行当中，就可以发现旅行经历的价值越来越高，将旅行视作一种经历的观念，至少可以追溯到文艺复兴和中世纪时对游历的学者、艺术家和流浪汉的评价。因此可以这样简洁地来看待旅行之于"文化全球化"的作用：旅行将新事物插入生活中间，它将生活展现在偶然性面间，并创造了"异域事物"（地方以外的东西）。①

对迁徙而言，虽然与旅行的方式和目的有所不同，但同样作为文化的流动，对"文化全球化"起到了巨大的推动作用。这一点我们从中国元代的历史来看，一目了然。

蒙古族的迁移大致可分为两种形式：一是远征迁徙。蒙古族人民的生活主题多数是伴随着蒙古大军的一次次远征开始的。二是自然迁徙。蒙古族居住于草原的环境，形成"自春徂冬，旦旦逐猎，乃其生涯，故无步卒，悉是骑士"② 的生产生活方式，因而，蒙古族的文化及审美习惯与这独具特色的草原游牧经济、颠簸的迁徙生活融为一体。

① ［英］迈克·费瑟斯通. 消解文化：全球化、后现代主义与认同［M］. 杨渝东，译. 北京：北京大学出版社，2009：210.
② 赵珙. 蒙鞑备略［M］. 北京：人民文学出版社，1979：8.

当我们将这种迁徙纳入人类学的比较视野中时，我们可看到元代蒙汉文化都受到双方不同程度的影响，在冲突、交流、融合中呈现出新的文化及审美趋向，作为蒙古族审美观念本根和核心的"刚性之美"得到不同程度的迎合和顺从，审美风潮一时充满了粗豪、旷达之气，较之于前朝，审美趣味和风尚由含蓄到疏狂，由文雅到拙野。在这一传播、融合过程中，其主要媒介如教坊，其主要载体如戏曲、散曲、话本、诗歌等起到了重要作用，成为其南向影响形成并达到效果的重要载体。①

关于电子媒介作为"文化全球化"的直接途径，学界关于"文化全球化"或全球化的论述中几乎鲜有不提及的。例如，因为"新的技术、新生产方式与消费方式这些 19 世纪工业化带来的变化，使人类产生了一种完全不同于过去的、全新的感性，随之而来的是在世界范围内的一种新的生活方式"②。这里的新技术也就是指电子信息和媒介技术。

文化、文明的传播要有一定的媒介，这是定论。而现在所谓的全球化在文化层面上即是西方文化对非西方文化的同化，表现为从语言到信息再到观念的步步深化。③ 这一过程中现代传播媒介起到了重要作用。西方后现代媒体理论家戴维·莫利（David Morley）在《认同的空间——全球媒介、电子世界景观与文化边界》一书中研究在后现代语境下运用有线和无线通读的传播环境，欧洲人是如何重新塑造集体文化认同，如何解决传媒进步与

① 杨晶 . 蒙古族审美观念研究 [M]. 哈尔滨：黑龙江人民出版社，2009.
② ［美］J. 希利斯 . 论全球化对文学研究的影响 [J]. 当代外国文学，1998（1）.
③ 何中华 . 关于全球化的文化反思 [J]. 山东社会科学，2001（1）.

文化发展的尖锐矛盾的问题，该书认为人们往往通过传播新技术、文化再生产机构、塑造了特定版本的"集体记忆"，进而塑造了特定的民族认同观。①

　　新媒介的发展给社会带来的影响已为学界所认知，全球化语境下，莫利认为我们越来越需要根据传播和运输网络及语言文化这样的象征性分界——由卫星轨道或无线电信号决定的传输空间——来划定在这个时代里具有决定性意义、呈现渗透性的边界。而我们则正走向一个基本不受地域影响的世界新秩序，该秩序连接于少量集中的知识生产和信息存储中心以及图像信息发散中心，中枢集中于世界金融工业体系的控制系统网络和指挥控制总部。② 这一论断基本符合当下全球化文化传播及认同的现实情形。那么在这样的情形下，民族审美个性的传播必然要受制于传播系统，由是，重视、利用、构建相应的现代传播媒介和传播体系就成为我们"文化全球化"研究当中不得不面对的一个现实问题。

---

① 曾耀农. 莫利的媒介理论及在中国的传播 [J]. 中国广告，2003（12）.
② ［英］戴维·莫利，［英］凯文·罗宾斯. 认同的空间——全球媒介、电子世界景观与文化边界 [M]. 司艳，译. 南京：南京大学出版社，2001：151.

第二章　全球化的旅游维度

随着各种技术手段的发展，在全球范围内拉近了人们之间的距离，20世纪90年代见证了引人瞩目的时空压缩。这种压缩空间的感觉部分来自旅行者从一地到另一地的快速流动，尤其是从一个中心机场到另一个中心机场的移动。物质性的旅行规模巨大，已经成为历史上最大的人们跨越国境的运动，因此全球几乎所有社会之间的关系都以观光客和旅行者的流动为中介，一个接一个的地方被改造成旅游交通接待站。

全球出现了不加选择的地方生产和消费。当代全球文化的核心组成如今包括全球旅行的诸多方面，如饭店自助餐、游泳池、鸡尾酒会、海滩、机场休息厅和化妆品。[①] 当旅游文化成为全球文化的核心组成时，全球化的旅游维度也就自然浮出水面。

全球化的旅游维度，这一提法至少包含了两层意义。一方面是指在全球化进程中，旅游及旅游文化所受到的影响，另一方面

---

① 王宁. 全球化百科全书［M］. 南京：译林出版社，2011：661.

是指旅游及旅游文化对全球化进程所起到的推动或助力作用。

但这二者之间并非你来我往的二元关系，而是一种复杂的联结关系，是一种网络系统。这其中旅游与全球化并非仅存在直接的影响和传动，而且还经由文化领域产生了相互的影响，并且与文化认同等问题紧密相关。

第一节　旅游文化研究的历史及现状

旅游文化研究已有近四十年的历史，在这近四十多年研究进程中，学界对旅游文化的概念、特点、结构形成了较为深入的认识，对旅游文化在旅游业中的地位、作用、发展路径提出了较为中肯的见解，对旅游文化作为一种学科及其分支学科进行了探索。旅游文化的研究史呈现出多元、渐进、综合的总体特征。特别是随着全球化进程加剧，全球化在文化维度的影响下日益加深，旅游文化的研究也出现了相应的变革，这是当前旅游文化研究不得不重视和应对的重大课题。

（一）旅游文化研究的系统总结覆盖面较广，但反思力度不足

旅游文化研究的系统总结是学界把握其研究的进程、现象、特征的重要方式，但从旅游文化研究兴起至今，对旅游文化研究史的梳理和总结并不及时，有深度的综述性研究论著的数量也仅有十篇左右，研究深度和广度尚待大力开掘。

1. 会议纪要成为较早的综述性研究著作

中国旅游文化研究大约起始于 20 世纪 80 年代，1984 年旅游文化作为一个专业概念出现。而较早的综述性研究则以"会议纪要"的形式出现于 1991 年。① 该会议纪要认为"十年旅游业的发展也存在一些失误和亟待解决的问题，它们比较集中地反映在文化上"，并认为"旅游文化的研究探讨，为我们总结十年来的工作提供了一个新的角度"。并以十个方面总结了与会者的主要观点，涉及旅游业的定义、作用、发展依托，初步总结了旅游文化的特点，并认为"旅游文化的内涵十分丰富，外延也相当宽广，广义理解它应包括社会的全部物质、精神财富"②。此次研讨虽涉及面较广，但对问题的认识深度有限。

1990 年 10 月，首届中国旅游文化学术研讨会召开，着重讨论了"旅游文化概念"，作为一次专题学术会议，对旅游文化的概念进行了较为深入的探讨，并在旅游文化的定义、内容、特点三个方面达成了初步共识。认为旅游文化的定义，概括为三种表述方式：一是旅游文化是人类过去和现在所创造的与旅游者有关的物质财富和精神财富的总和；二是旅游文化是旅游主体、旅游客体和旅游媒体相互作用所产生的物质和精神成果；三是旅游文化是以一般文化的内在价值因素为依据，以旅游诸要素为依托，作用于旅游生活过程中的一种特殊文化形态，是人类在旅游过程

---

① 北京旅游学会曾于 1990 年 6 月和 8 月先后两次组织召开了以旅游文化为中心议题的学术座谈会，座谈会议纪要发表于《旅游学刊》1991 年第 1 期。

② 周盼，李明德. 旅游文化是旅游理论研究的重要课题——旅游文化座谈会纪要[J]. 旅游学刊，1991（1）：55—58.

中精神文明和物质文明的总和。旅游文化的具体内容有两种意见：其一认为旅游文化的研究是对旅游主体文化、旅游客体文化、旅游媒体文化的研究；其二认为旅游文化由深层结构（指人类普遍存在的求知、求乐、求健、求美心理）和表层结构（指旅游景观、旅游设施等）两部分组成。旅游文化的特征中"综合性、地域性、继承性"为多数人认同。① 以上内容以会议纪要的形式发表，代表了当时学界对旅游文化形成的共识和研究深度。

以上两次研讨会发表的会议纪要，是我国旅游文化综述性研究的开篇之作，是对 1990 年代之前我国旅游文化研究的总结，为后来的旅游文化研究奠定了基础。但还应指出，该总结在深度、广度上尚待加强，学界对旅游文化的共识尚不集中，涵盖面不广，研究方法与思想力度较为单薄，呈现出旅游文化研究初期阶段的特征。

2. 第一个十年：旅游文化综述性研究侧重现象描述，成因挖掘不足

旅游文化研究中的第一个以"十年综述"方式展开论述的文章发表于 1992 年，论文从三个方面综述了近十年旅游文化的研究情况，即旅游文化概念的研究、旅游文化分支学科的研究、旅游文化现象的研究。

关于旅游文化的概念重申了两次会议纪要形成的共识，表明学界对概念没有新的研究成果，同时论文本身也没有对概念形成

_____

① 冯乃康. 首届中国旅游文化学术研讨会纪要［J］. 旅游学刊, 1991（1）: 57—61.

过程做深入的分析。关于旅游文化分支学科的研究中指出，"旅游文化作为一种独立的学科体系，尚未成熟，但因其涉及面十分广泛，所以它的分支已引人注目"①，并列举了旅游文化史、旅游文学、旅游民俗学、旅游美学、旅游教育等分支学科的研究论著情况，宏观描述了旅游文化分支学科的发展情况，但对分支学科的概括，在全面性方面尚显不足。该论文还综述了旅游文化现象的研究情况，并指出了包括"饮食文化、酒文化、茶文化、园林建筑文化、娱乐文化、宗教文化、服饰文化"等七类旅游文化现象的研究论著及其主要内容，涉及旅游活动的相关方面。

应该说作为第一个"十年综述"，《近十年旅游文化研究》的分析较为宏观地反映了旅游文化研究的现状，有利于把握当时旅游文化研究的现象、分支。但论文侧重于对现象的宏观描述，而对于旅游文化研究的宏观背景和理念渊源关注不够，分析力度尚显不足。

《国内外旅游文化研究述评》一文则侧重于对国内外旅游文化概念的研究进行综合述评，意在用比较分述的方法，"依次介绍旅游文化概念研究在国内国外的情形，着重阐述在西方旅游学界盛行的旅游者模式和旅游理念模式，并拟以图示的方法，从分析旅游者之诞生及旅游者行为之具体运转过程的角度，透视这种人本主义的旅游文化概念的内涵和外延，论述旅游文化在分支学科上的内容构成，展望其具体研究方法，最后，观照比较国内外

---

① 范能船，朱晓松．近十年旅游文化研究综述 [J]．旅游学刊，1992（1）：49—54.

学术界对旅游文化概念在认识上的异同，以达到'西学为用'或
'洋为中用'的目的"①。

在文中，作者先对近十年的旅游文化研究做出了评价，认为
"旅游文化这一课题在国内已经得到学术界的足够重视，但系统
的、深入的研究还有待于进一步展开；旅游文化概念的内涵有待
于进一步补充完善；旅游文化及其分支学科研究方法论有待于进
一步丰富；对旅游文化现象表征的研究也亟待进一步的深入"。
而对于旅游文化概念研究则认为"显得较为零散，主要还存在着
分歧过多、共识偏少，区域的、静态的片面研究过多，系统的、
动态的全面研究过少"，"旅游文化课题的系统全面的理念框架或
理论体系尚未形成"。应该说论文对1990年代旅游文化研究的评
价较为中肯，也较为客观地分析了存在的问题及原因。

特别是对旅游文化概念借助西方旅游者模式和旅游模式的分
析较有新意，其结论强调概念的"动态性"，希望突出旅游活动
的主体——人的中心位置，认识到"碰撞"是旅游文化赖以产生
的渠道和媒介，认识到旅游文化的动态性、无国界性，及在时间
和空间上的相对延续性，暗含了对旅游文化研究在理论模式上的
反思，拓宽了研究思路。但论文只是彰显了西方部分理论研究的
成果，有理论移植痕迹，对旅游文化研究的全面性概括不足，同
时对研究现状的生成背景未做分析，不能很好地彰显其成因。

在旅游文化研究进行了十个年头后，在研究深度和广度上均
有所提升，但作为综述性研究，这一阶段现象描述较多，而成因

① 肖洪根. 国内外旅游文化研究述评 [J]. 华侨大学学报，1994（1）：69—74.

分析则不足。理论分析上，西学理论的引入开阔了视野，但尚有移植痕迹，对中国近十年的理论研究背景均未涉及，现象成因分析失之简单。

3. 第二个十年：旅游文化综述性研究缺乏时代背景

经过二十年的积累，随着时代的巨大变革，旅游文化研究较之于起步时期发生了重大的变化，从这一时期的综述性研究可以窥见这种变革的踪迹。发表于 2004 年的《旅游文化研究二十年》是这一时期的代表作，该文以分时段的方式，综述了 20 世纪 80 年代与 90 年代前期、90 年代后期的旅游文化发展情况。论文指出 20 世纪 80 年代的研究工作，主要做了概念界定、必要性分析、研究框架设计、旅游文化传统挖掘工作。而 90 年代前期则开始出现了新特点，即对 80 年代中国旅游业规划的反思，最集中体现在对国家"八五"旅游规划重旅游经济轻旅游文化的战略偏差提出批评，对 90 年代中国旅游文化发展的蓝图进行了勾画，对模拟景观给予了空前的注视，对域外旅游文化和国内地域旅游文化给予了重视，特别关注旅游文化的美学特征。较之于前一时期，这种概括方式体现了较强的全局性视野，覆盖面较为广泛。

论文对 90 年代后期的旅游文化研究进行现象描述，选取了最新的有代表性的论著支撑其论点，认为旅游文化的应用性特征得到了学术界的重视，指出"此类论文占将近一半的比重，说明学者们对现实开发与建设的重视，这与旅游学科实践性较强的特点是吻合的"[1]。并且对新现象进行了概括，特别提及"旅游文化教

---

[1] 喻学才. 旅游文化研究二十年 [J]. 东南大学学报，2004（1）：63—66.

材出版热闹空前，旅游文化科研项目始出现"。可以看出，这一时期的旅游文化研究体现出了新的特点，无论是研究的深度、广度，还是研究的理论水平均有所提升。

作为综述性论文，该论文的综述角度体现了些许时代特色的投影，对旅游文化研究的新特点、新现象描述较全面，但仅仅限于现象的描述，而未能对现象的出现、表征、前景做出解释，思想深度不足，时代背景无法彰显，不利于宏观把握旅游文化研究的走向、动因，更无法将这一实践性强的学科与当时的社会时代特征相结合，旅游文化研究的时代性特征淹没其中。

4. 在当下的旅游文化研究中，综述性研究严重缺位

2009 年只有一篇相关论文发表，即《当前我国旅游文化研究的热点及发展趋势刍论》。文章一如前述，对旅游文化近年来的热点问题进行了描述，热点问题分为旅游文化基本理论研究和旅游文化建设及应用的研究，对发展趋势则认为：回归文化成为旅游的核心内容和发展方向的趋势，生态旅游与旅游文化交融是旅游业发展的新趋势。[①] 论述方式没有太大变化，但对未来的预测已显现出与前一时期的思路的不同。

论文在对旅游文化基本理论问题进行综合的基础上指出，"尽管旅游文化研究在我国已经发展近 30 年时间，对于旅游文化的具体指向，到目前为止，学术界仍然没有一个基本共识，旅游文化的基本内涵与外延一直都是旅游文化研究的重中之重，在未

---

① 陈燕华．当前我国旅游文化研究的热点及发展趋势刍论［J］．中国集体经济，2009（3）：132—135.

来的研究中将仍是争论的焦点问题"。这一结论指出了旅游文化研究对基本概念的依赖，表明我国旅游文化基本理论研究的缺失。论文对未来发展趋势的预测，虽不全面，但较为理性，特别强调了文化回归的这一大趋势，指出了旅游业竞争的本质是文化的竞争，文化因素成为旅游经济发展的决定性因素，彰显了对旅游文化研究的时代氛围和走向的关注。

可以说，当下的综述性研究缺位严重，仅有的研究论文仍然沿袭旧思路，与时代结合不足，变革较少，未能完全显现综述性研究的力度和作用。

综述性研究是把握旅游文化研究走向、概貌、特征的重要手段，但目前本书中的不同时段的综述性研究文章却存在共同的特点，即过于注重现象描述，原因分析严重不足，综述性文章未能体现某一时段或时期的理论特点和时代背景，封闭式的论述方式导致论文满足于资料的收集。以上情形表明旅游文化研究系统总结的开放性不足，对研究的反思缺乏力度。陈旧的研究范式表明思想深度的匮乏，尽管一再强调旅游文化研究引起了足够的重视，但旅游文化研究的实践仍无法成为时代思想变革的驱动力，随着时代的进一步发展，在全球化大潮裹挟之下，旅游文化这一概念本身的内涵与外延都会随之发生改变，只有注重与时代背景同步，并注重研究时代文化潮流对旅游文化的影响，研究才会具有时代性，而不与时代脱节。

（二）旅游文化应用研究广泛开展，实践层面各有特色

进入 21 世纪以来，旅游文化的应用研究得到了长足的发展，主要表现在旅游文化研究应用于旅游资源的开发和建设方面，形成了对旅游文化应用的新特色——强调旅游文化研究与景区开发和建设相融合，突出其实践性质。

首先，进入 21 世纪以来的旅游文化研究其实践性表现越来越强，大部分旅游文化研究侧重于将旅游文化的理论应用于旅游景区的开发，强调旅游文化是旅游与文化产业的融合点，从而将旅游文化理论转化为现实生产力。如洪建场提出，从审美艺术角度对鼓浪屿风景名胜区的旅游资源进行评价，探讨分析鼓浪屿旅游文化审美艺术存在的不足与缺失，以审美艺术的视觉注入文化内涵，营造文化氛围和意境，树起海洋、钢琴、建筑等系列文化主题，通过系列主题文化意境的塑造以及文化营销和绿色营销战略的实施，来确立鼓浪屿旅游文化品牌。[①] 蒋玉凤认为，旅游文化是解决旅游产业与文化产业最佳结合和科学发展的关键点，桂林旅游文化建设必须自觉解决旅游本质、旅游与文化等基本认识问题，高度重视桂林旅游文化的核心思想，并以桂林旅游文化建设两大成功实践的启示来说明，旅游文化是旅游与文化产业的最佳结合点。[②] 盘晓愚、刘桔认为旅游业日益与文化产业结合，形成旅游文化产业，是旅游业发展的趋势。贵州旅游业只有与文化产业联姻，才能拥有更广阔的发展前景，同时分析了贵州发展旅游文化产业的资源和市场条件，提出了贵州旅游文化产业六大系列

---

① 洪建场. 审美艺术视野下旅游文化的构建——以厦门鼓浪屿为例［J］. 福建教育学院学报，2008 年（4）：41—45.

② 蒋玉凤. 旅游与文化产业的最佳结合点——兼谈桂林旅游文化建设［J］. 中共桂林市委党校学报，2008（3）：42—44.

产品的构想。① 方智勇在其论文中，主要就湖北省文化旅游资源及开发状况进行相关分析，认为通过对文化旅游资源的整合，其旅游品牌的知名度和美誉度也将进一步提升。同时指出湖北文化旅游发展具体路径：应重点推进文化旅游资源整合；深挖文化内涵，促进文化旅游生产要素的合理配置，加快文化旅游资源的综合开发利用。抓好将文化产品转化为文化旅游产品的工作，加强文艺界、传媒业、文娱演艺业等与旅游产业的合作，不断提高相关文化旅游品牌的知名度和美誉度。②

其次，部分论文则从旅游文化的内涵入手，将理论的内涵具体化，如与温泉文化的融合、与名人效应的整合、与旅游商品的结合，从而实现旅游文化的实践转型。如郑利将旅游文化应用于温泉旅游研究，认为温泉旅游的核心是温泉旅游文化，是以温泉为特质载体或依托形成的各种文化形态与文化现象及其物化体现。③ 李淑玲从中西方文化的概念和核心入手，探讨了旅游文化的发展内涵和功能，强调了旅游文化的人文教化与审美、商业价值与经济功能、文化交流功能，并为西安咸阳一体旅游提出对策。④ 高玉玲从文化名人入手，认为文化名人具有旅游宣传效应和旅游品牌开发效应。要强化文化名人的旅游价值开发，坚持保

---

① 盘晓愚，刘桔. 贵州旅游文化产业发展探析［J］. 贵州民族研究，2009（1）：125—128.
② 方智勇. 湖北文化旅游资源及开发现状分析［J］. 当代经济，2009（6）：108—109.
③ 郑利. 温泉旅游文化内涵探析［J］. 资源调查与环境，2008（2）：152—156.
④ 李淑玲. 中西方文化与旅游及旅游文化发展的主要对策——以西安咸阳"旅游一体化为例"［J］. 生产力研究，2009（16）：121—123.

护原则，营造由名人博物馆和自然景观等组成的旅游文化氛围。①佘三元、刘荆洪认为，旅游商品是旅游文化的重要载体，旅游商品与旅游文化相结合，能获得双赢的效果。一方面，旅游商品文化为旅游文化注入了鲜活的文化元素，增加了旅游的文化内涵，提升了旅游的文化品位，为旅游增添了文化的魅力。另一方面，旅游为旅游商品的发展开辟了新的发展空间，为旅游商品生产和销售市场的发展带来新的动力。推动旅游商品与旅游文化相结合，促进两者的共同发展，成为建设中国特色社会主义的旅游文化的重要步骤。②

最后，区域性的旅游文化研究为数众多。此类研究以旅游文化理论和可持续发展理论为理论背景，以区域旅游资源为研究对象，对当地旅游发展有一定启示作用，是目前旅游文化应用研究中最为常见的研究方法，也是硕士学位论文中最常见的选题。如李文明的《庐山旅游文化深度开发研究》③，董珍慧的《敦煌旅游文化深度开发研究》④，汪媛媛的《大连旅游文化研究》⑤ 等。

（三）旅游文化基本理论研究的新方法与新视野

1. 旅游文化概念研究

从旅游文化作为一个专业名词出现到现今，对旅游文化概念

---

① 高玉玲. 20 世纪初青岛文化名人效应的旅游价值［J］. 中共青岛市委党校青岛行政学院学报，2009（1）：79—81.

② 佘三元，刘荆洪. 海南旅游商品应成为旅游文化的载体［J］. 新东方，2008（6）：43—45.

③ 李文明. 庐山旅游文化深度开发研究［D］. 长沙：中南林学院，2004.

④ 董珍慧. 敦煌旅游文化深度开发研究［D］. 兰州：兰州大学，2007.

⑤ 汪媛媛. 大连旅游文化研究［D］. 北京：中国地质大学，2009.

的探讨研究从未间断过，可以说，旅游文化的概念成为贯穿旅游文化研究的主要线索。进入 21 世纪后，旅游文化的概念研究在原有的基础上有了新的发展，具体表现为不仅对旅游文化进行学术界定，而且将旅游文化与文化旅游、旅游资源文化等概念进行比较研究，期望以此来区别二者的不同，进而廓清旅游文化概念本身的内涵与外延。

如吴光玲认为，旅游文化与文化旅游既有区别又有联系，二者区别在于，首先是侧重点不同。"旅游文化"是以"旅游"为限定词，"文化"为核心词，侧重点在"文化"，是文化范畴的一部分。广义的旅游文化包括了文化在旅游中各方面各层次的体现，也指旅游与文化的所有关系，这是一个非常广谱的概念，类似于"旅游与文化的关系"。我国目前对旅游文化的理解和西方对旅游社会学、文化人类学等的研究属于此类。狭义的旅游文化是指由旅游者活动而引起的文化现象，而"文化旅游"是以"文化"为限定词，"旅游"为核心词，侧重点在"旅游"上，是旅游活动和旅游产品中的一个重要类别，是广谱旅游文化概念系统中的一部分。

其次是研究重点不同。"旅游文化"的研究，在广义层面上关注的重心是旅游活动的基础理论，诸如旅游活动的属性、特征、影响等问题，狭义层面上关注旅游业和旅游活动中的文化；而"文化旅游"研究的重心，则是旅游活动的对象物———旅游产品的开发和经营管理问题，以及文化旅游活动的特点、管理体制、文化旅游市场的需求特征问题等。

最后是学科归属不同。按照我国目前的学科划分体系，"旅游文化"主体属于旅游社会学、心理学、伦理学的研究范畴，部分属于管理学范畴；而"文化旅游"主体属于旅游管理学和旅游开发规划学共同的研究范畴，从西方学术界对学科的划分体系看，"旅游文化"主要属于基础学科，而"文化旅游"属于应用学科。

两者的关联从概念范畴上来说，"旅游文化"和"文化旅游"都是对旅游和文化的结合点的研究，二者的交集，一是文化旅游资源，二是趋向于文化景观的旅游活动。"旅游文化"研究包括旅游社会学研究、旅游心理学研究、旅游人类学研究的许多理论和结论，对"文化旅游"的实践活动和理论研究能起指导和借鉴作用；而"文化旅游"的现实发展和理论研究也可以极大地丰富"旅游文化"的内涵。从学科角度来看，旅游文化学是从文化的视角研究旅游的知识系统，是把旅游作为文化的对象和内容加以研究。旅游文化学是商业文化研究的一个分支，是旅游学和文化学的结合，也是旅游学研究的进一步发展和深化。①

此后，刘永生也有类似看法，认为旅游文化与文化旅游是旅游领域内两个难解难分的易混概念，两者既有着密切联系又各有侧重点。前者侧重的是旅游客体文化的实际形态，而后者侧重的则是旅游业经营主体从文化的视角深度开发旅游资源的创造性行为。质言之，"文化旅游"它既包含旅游者的"文化消费"行为，

---

① 吴光玲. 关于文化旅游与旅游文化若干问题研究［J］. 经济与社会发展，2006（11）：161—163.

又包括旅游业经营主体的"文化创造"行为。"文化旅游"这个概念侧重的是旅游业经营主体"文化创造行为"这个层面，即着重强调"文化旅游"是旅游经营体在政府相关部门的引导和支持下，以效益为指南，以自然与社会文化深度组合创造景观、开发各种休闲娱乐项目，使旅游者获得富有文化内涵和深度体验的主体性创造行为。①

刘爱萍在其论文中指出，要理清旅游文化这一概念的含义，还必须把与旅游文化相近的一个概念——文化旅游区分开来。一般说来，文化旅游是指与自然景观相对应的人文景观的旅游，只是旅游的一部分，而旅游文化是一个大概念，二者是包含关系，旅游文化包含了文化旅游。②

有的论者还将旅游文化与旅游文化资源进行比较，进而厘清旅游文化概念本身的内涵。持这种观点的论者认为，旅游文化与旅游资源文化两者之间既有联系又有区别。联系表现为：旅游资源文化是旅游文化的重要组成部分，旅游文化以旅游资源文化为依托，对旅游者最能起到文化的诱导作用，也是客源地文化与目的地文化交流与融合的重要内容。旅游文化与旅游资源文化相互影响，旅游资源文化的开发与建设如果离开了旅游文化的指导，就会偏离民族化的方向，而失去了民族特色的旅游产品，就必然会失去生命力、失去竞争力。区别表现为：一是概念内涵不同。旅游文化既是精神的，也是物质的，旅游文化的内涵十分丰富，

---

① 刘永生. 论文化旅游及其开发模式［J］. 学术论坛，2009（3）：108—112.
② 刘爱萍. 论广义旅游文化的价值所在［J］. 旅游论坛，2009（8）：616—618.

超出了旅游资源文化的范畴，即使它们与旅游资源文化在旅游活动中相互作用，但也不是旅游资源文化领域所能取代的。二是表现形式不同。旅游文化是一种动态文化，是不断发展变化的。而旅游资源文化却是一种静态文化，是在旅游开发的过程中被挖掘、整理、建设而显现出来的。三是研究目的不同。研究旅游文化目的是在于发掘其表现形式及其个性意义，更着重从主观审美角度来扩展它的价值，张扬其能激起旅游动机的价值。旅游资源文化研究则不同，它要达到的目的是在于如何在充分挖掘旅游资源文化内涵的基础上，开发利用资源，建设具有民族特色和文化意蕴的景点、景观和景区，不断增强其"唯我独有"的资源垄断性，提高竞争力。①

上述研究文章对旅游文化的概念研究采用比较研究的方法，较之于早期的研究方法来说，较有新意，在比较视野中把握概念也较为清晰，尽管对旅游文化的概念仍未能达到更为一致的共识，但较之与早先的界定方式，已有所进步。

2. 旅游文化的地位和作用研究

旅游文化的作用和地位是旅游文化综合研究的重要内容之一，经过多年的实践积累，学界在这一问题上已达成共识，如认为旅游文化是旅游业的灵魂和支柱，是旅游可持续发展的源泉等。但进入 21 世纪后，对其地位和作用的研究更加具体，视野也更加开阔，多注重全球化视野下的重要意义的探索。

---

① 贾玉云，谢春山. 旅游文化与旅游资源文化［J］. 旅游论坛，2009（1）：145—148.

谢春山在其论文《旅游文化——中国旅游业参与国际竞争成败的关键》中较早地对进入 21 世纪旅游文化的地位和作用进行阐述。他指出，进入 21 世纪，由于科学技术的进步、世界经济持续发展、全球经济一体化的趋势，文化价值将更加深刻地影响着各国旅游产品的生产和消费，旅游文化是旅游业的精髓和灵魂，是旅游业提高国际竞争力的关键因素。并从旅游的文化本质特征的必然要求，旅游文化是一个国家旅游业保持自身特色的决定因素，旅游文化蕴藏着巨大的经济潜能，文化是提高人的素质和管理水平的关键这四个方面深入论述了旅游文化的重要地位和作用，① 其全球化视野已跃然纸上。

崔家善在其论文《以旅游文化引领旅游支柱产业发展》中指出，旅游文化的地位和作用表现在三个方面，即旅游的本质属性是一种文化现象，民族特色文化是旅游发展的灵魂，旅游文化是旅游业发展的决定性因素。② 该论文强调民族特色文化是独立的、特有的，并以此来加强旅游吸引力，暗含着国际化全球化视野。

3. 关于旅游文化研究的方法论探讨

随着对旅游文化概念的进一步廓清，对旅游文化本质的认识加深，对旅游文化研究的方法论探讨进入学术视野。王晓琳的《旅游文化研究方法体系探讨》是兰州大学 2008 年的一篇硕士学位论文，该论文以旅游文化学作为一门独立、成熟的学科为出发

① 谢春山. 旅游文化——中国旅游业参与国际竞争成败的关键 [J]. 北京第二外国语学院学报，2001（3）：31—35.

② 崔家善. 以旅游文化引领旅游支柱产业发展 [J]. 学术交流，2009（3）：120—122.

点，在对现有的研究成果总结分析的基础上，借鉴其他成熟学科的科学理论和方法，在实践中加以渗透，意在探求综合系统的旅游文化研究方法范式，并通过具体的研究工作检验了部分研究方法，为这些研究方法的使用提供了示例。并在文中的第三部分探讨了可为旅游文化研究所用的三种定性资料收集方法和六种定性资料分析方法，并且指出各自可适用的研究领域。①

这是近年来对旅游文化学的研究方法体系作为研究中的"冷点"和"难点"的一个回应，是对旅游文学研究方法论体系的一次有益探讨。

（四）旅游文化发展研究范围逐渐拓宽

对于旅游文化发展的研究是旅游文化研究深化的表现，也是进入 21 世纪以来，表现的重要特点之一，尽管部分文章功力尚浅，但其意识已开始拓展，这部分文章是近年来旅游文化研究的新动向的代表。

赵爱华认为，21 世纪旅游文化的发展趋势为旅游将以保护文化遗产和自然环境为前提，全面提高服务质量，以服务取胜将是 21 世纪旅游业持续竞争的焦点，娱乐休闲、科学考察探险将成为 21 世纪旅游需求的两大主题。各种会议、体育赛事将会给旅游带来巨大效益，弘扬本土民族文化是发展 21 世纪旅游文化的重要内容。② 王夏炎认为，在旅游业发展过程中，在文化的内涵和作用

① 王晓琳. 旅游文化研究方法体系探讨 [D]. 兰州：兰州大学，2008.
② 赵爱华. 论 21 世纪旅游文化的发展趋势 [J]. 丹东师专学报，2001 (3)：31—32.

挖掘上显得有些贫乏，要建立旅游文化的整合与对接，实现显性文化与隐性文化、历史积淀与现实作用、区域文化之间的融合与对接，发挥文化的引领作用。① 孟凡钊认为，先进的旅游文化引领旅游业发展的方向，是旅游经济竞争的核心，强调了文化旅游是旅游产业的发展方向，旅游文化内涵建设促进旅游业可持续发展。② 赖世林认为，文化特色是旅游经济核心竞争力的关键，要深度发掘旅游文化内涵，提升旅游产业品质，从而构筑旅游产业发展的新优势，实现旅游产业可持续发展。③ 许欢认为，文化内涵与旅游产业可持续发展是旅游管理和旅游人对文化意识、品位的精神觉悟。要在科学发展观的指导下，探索文化在旅游产业可持续发展中的重要性，深度发掘旅游文化内涵，提升旅游产业素质。④

旅游文化发展研究还表现在探讨文化变迁与旅游业发展的相互关系方面。梁自玉的博士学位论文《文化变迁与旅游业发展研究——以湘西凤凰县为例》，意在通过研究特定民族地区文化变迁对旅游业可持续发展影响的研究，探索引导文化良性变迁的思路和对策，从而有利于促进民族地区文化与旅游业二者良性互动，推动民族地区经济、社会和文化发展。并认识到，正确认识和把握民族文化变迁的内容、形式、本质和方向，研究引发民族

① 王夏炎. 旅游文化的整合与对接 [J]. 经济研究导刊，2009（3）：211—212.
② 孟凡钊. 试论文化内涵与旅游产业的可持续发展 [J]. 传承，2009（3）：84—85.
③ 赖世文. 深度发掘文化内涵促进旅游业可持续发展 [J]. 企业家天地，2008（4）：145—146.
④ 许欢. 文化内涵与旅游产业的发展研究 [J]. 消费导刊，2008（3）：45.

地区文化变迁的因素和机制，引导民族文化良性变迁，对于促进民族旅游可持续发展具有重大意义。①

崔敬昊的博士学位论文《北京胡同的社会文化变迁与旅游开发》则以外部人的视角对胡同文化进行文化人类学（民族学）的考察。围绕至20世纪90年代初还排除在有关保护对象之外的胡同和四合院是怎样引起有关当局的关注，并转为开发、保护的对象，其保护和开发应朝什么方向走等问题展开论述。②

上述文章侧重于旅游文化发展研究，是在旅游文化基本理论研究的基础上，走向科学性、实践性、具体性的主要表征，也是未来旅游文化研究的发展方向之一。

（五）旅游文化研究呈现新形态、新现象

进入21世纪，中国旅游文化研究在时代和形势的规制下展现出与以前不同的特质，研究课题亦出现了新形态、新现象，如旅游产品开发中充分展现旅游文化的底蕴，③ 从文化资本角度探索旅游文化建设的策略选择，④ 强调旅游文化开发的时代特征，⑤ 强调

---

① 梁自玉. 文化变迁与旅游业发展研究——以湘西凤凰县为例 [D]. 北京：中央民族大学，2007.
② 崔敬昊. 北京胡同的社会文化变迁与旅游开发 [D]. 北京：中央民族大学，2003.
③ 秦炳旺. 旅游产品文化层面的深度发掘和广度拓展 [J]. 中国商界，2008（1）：21.
④ 李映洲，王晓琳，张建荣. 旅游文化资本运作的策略选择 [J]. 科技管理研究，2008（6）：389—391.
⑤ 马丽娃，郭道荣. "后文化"时代的旅游资源开发 [J]. 成都大学学报，2004（4）：17—18.

旅游资料翻译中的旅游文化视域，突出旅游文化的民族性、文化求异和求同的统一性、大众性和双向散性，① 从可持续发展视角谈电视对旅游文化的传播，② 文化旅游的变迁对我国景区形象的影响等，③ 可谓五彩纷呈，但最突出的脉络表现在以下几个方面：

1. 全球化对旅游文化的影响引起学界重视

随着全球化程度加深，旅游文化不可避免地被裹挟其中，而在形形色色的全球化大潮中，全球化在文化维度上对旅游文化的影响更为直接，因此，对旅游文化在全球化视野下的发展特征、所受影响、旅游业应对"文化全球化"等方面的论文开始渐渐出现，从一个侧面彰显了全球化对旅游文化的影响。如《旅游对中西方文化交流的影响》一文即是从文化交流的角度，强调了旅游在促进文化交流、消除误解和隔阂、增进友谊等方面的重要作用。④《跨文化意识对我国旅游国际化的推动作用》一文则指出，随着全球经济的快速增长以及旅游活动的日益国际化、全球化，我国旅游业面临着巨大的机遇与挑战，培养跨文化意识是提高我国旅游业在国际上的整体竞争力，推进我国旅游业国际化进程的一个重要保证。⑤《全球化环境下旅游业对目的地文化的积极影

---

① 李建红. 旅游文化视域下的旅游资料翻译 [J]. 浙江水利水电专科学校学报，2009（3）：85—87.
② 刘德群，兰晓晟. 从可持续发展视角谈电视对旅游文化的传播 [J]. 九江职业技术学院学报，2009（3）：87—88.
③ 廖洪泉. 文化旅游的变迁对我国景区形象的影响 [J]. 天府新论，2008（6）：17.
④ 卢杨. 旅游对中西方文化交流的影响 [J]. 黑龙江对外经贸，2005（8）：65—66.
⑤ 刘朝晖，葛镁萍. 跨文化意识对我国旅游国际化的推动作用 [J]. 商业时代，2007（9）：91.

响》一文指出，旅游业——这个与全球化相伴而生的产业出现了，它在一定程度上协调了全球化与文化的关系，减缓了消极影响，促进了全球化对世界发展产生积极作用。① 《全球化背景下旅游业的发展与民族文化的振兴》一文指出，旅游业的发展既是全球化的结果，也加快了全球化的进程，唤醒了人们对本民族文化的自醒与自觉，并促进了民族文化的保护、回归与振兴。② 《全球化时代中国旅游的"形"与"神"》一文认为，当前全球化对旅游的影响已经显现，正确应对全球化对中国旅游业未来发展十分重要。一方面，要认识到参与全球化的必要性和紧迫性，要主动、积极、深度参与全球化，以此作为旅游业发展的机遇、战略和手段，这是塑造中国旅游的"形"；另一方面，要始终保持中国旅游的特色所在，坚持地域性、文化性和民族性，走自主品牌和原创品牌之路，这是统领中国旅游的"神"。并强调旅游业的特性决定了旅游业是最具民族性的产业，在全球化背景下，保持中国文化的原真性，"得形而不忘神"才能真正实现中国创造。③

上述诸文均涉及在全球化背景下旅游文化研究的诸多方面。无论是文化交流、跨文化意识、目的地文化、民族文化的自醒与自觉，还是中国文化的原真性，都是旅游文化研究的题中之义，是旅游文化研究的内涵之一，因此，尽管上述诸文在全面、严谨、

---

① 陈旭，师杰，李话语. 全球化环境下旅游业对目的地文化的积极影响 [J]. 商场现代化，2008 (13)：355—356.

② 杨振之. 全球化背景下旅游业的发展与民族文化的振兴 [J]. 旅游学刊，2009 (8)：7—8.

③ 刘锋，王瑜. 全球化时代中国旅游的"形"与"神" [J]. 旅游学刊，2009 (7)：5—6.

深度、力度方面尚有较大不足，但毫无疑问，其作用在于提出这样一个问题：在全球化背景下，特别是从全球化的文化维度来看，如何发展我国的旅游文化研究，这是当前我们面临的又一重大课题。

2. 新形态、新现象体现在从文化产业的视角对旅游文化的发展进行实证研究，具有很强的现实意义

王玲在《基于公共文化空间视角的上海市博物馆旅游发展研究》的博士学位论文中，以公共文化空间作为研究视角，结合上海市博物馆旅游发展现状与存在的问题，对上海市博物馆旅游产品开发、博物馆旅游文化产业发展和博物馆旅游公共管理机制等内容进行了探讨与研究。[①]

王颖在其博士学位论文《山东海洋文化产业研究》中，通过对山东海洋文化产业的全方位研究，为实施的"海上山东"发展战略、"打造山东半岛蓝色经济区"战略提供理论支持，为制定山东海洋文化产业的发展战略及政策措施提供参考，具有鲜明的现实作用。[②]

尹柱角的博士学位论文《一山一水一圣人——文化与文化产业之开发研究》，则认为"一山一水一圣人"的观念在社会上产生了广泛的影响，从文化产业发展的角度对这一"观念品牌"进行了更深层次的综合研究。[③]

---

① 王玲．基于公共文化空间视角的上海市博物馆旅游发展研究［D］．上海：复旦大学，2010.
② 王颖．山东海洋文化产业研究［D］．济南：山东大学，2010.
③ 尹柱角．一山一水一圣人——文化与文化产业之开发研究［D］．济南：山东大学，2010.

3. 多学科理论背景下的旅游文化研究兴盛

进入 21 世纪后，旅游文化研究的理论背景更加多元化，主要体现在博士学位论文中。如梁旺兵的博士学位论文《跨文化视角中的旅游客主交互与客地关系研究》，以旅游行为中的跨文化差异为核心，借鉴旅游地理学、旅游心理学、旅游人类学、旅游社会学及跨文化交际方面的理论，依据人地关系的基本原理，基于实证研究，通过对特定地域（旅游目的地）与特定人群（旅游者）之间的相互作用关系的考察，对客主文化交互效应规律进行深层次挖掘，建立了不同旅游方式的游客与旅游目的地居民之间的客主文化交互模式（界定在组织性游客和非组织性游客方面），使之逐渐地形成"跨文化旅游"相关理论的雏形，并为旅游从业者的实际工作提供参考。①

陈晖莉的《晚明文人佛寺旅游研究》则利用旅游史学、宗教旅游学和社会史研究方法，通过对文人文集相关游记信息和地方县志、寺志、摩崖石刻等综合史料的分析和考证，重点解析晚明文人佛寺旅游中山水景观欣赏的科学化与佛化转向、高雅之兴及与民同乐的雅俗共赏之势、情欲释放下的奢侈享乐与佛教禅净双修的平淡回归和旅游业发展的批判与肯定四个重要特征。②

赵红梅的《旅游情境下的文化展演与族群认同》则将旅游文化纳入人类学视野，以纳西族历史境遇与族群心性为切入点，剖析历史积淀对族群文化抉择的影响作用，简要介绍纳西族人为之

---

① 梁旺兵. 跨文化视角中的旅游客主交互与客地关系研究 [D]. 西安：陕西师范大学，2006.

② 陈晖莉. 晚明文人佛寺旅游研究 [D]. 福建：福建师范大学，2009.

自豪的"大文化"与丽江旅游文化中的文化"商品化"现象，描摹丽江的旅游抱负与旅游情境下纳西族的族群意识，审视在"主—客"互动关系类型下，旅游民族的形成与旅游人群的诉求，进而在此基础上形成对文化差异、舞台"真实"与族群认同之间关系的结论性看法，并指出，关注旅游文化与族群认同之间的关系，正是民族地区文化旅游可持续发展的关键所在。①

4. 旅游文化与多个学科相嫁接融合，形成了对旅游文化内涵及整体研究体系的深入拓展

这其中，包括旅游文化与营销学相结合，如崔锋的《城市旅游文化营销研究》②、程艳的《旅游文化营销运作模式研究》③、张焱华的《国外影视文化旅游营销运作模式对我国影视旅游发展的影响》④ 等。

旅游文化与宗教的相结合，如颛孙张杰的《临安佛寺与旅游文化研究》⑤、傅生生的《道家思想与旅游文化的构建》⑥、桓占伟的《佛教旅游文化产品开发研究》⑦。

对不同历史时期旅游文化的综合研究，侧重时代特点，偏重文化整理及审美阐释方向，如刘现同的《两周时期旅游文化探

① 赵红梅. 旅游情境下的文化展演与族群认同 [D]. 厦门：厦门大学，2008.
② 崔锋. 城市旅游文化营销研究 [D]. 上海：华东师范大学，2009.
③ 程艳. 旅游文化营销运作模式研究 [D]. 上海：华东师范大学，2005.
④ 张焱华. 国外影视文化旅游营销运作模式对我国影视旅游发展的影响 [D]. 大连：辽宁师范大学，2008.
⑤ 颛孙张杰. 临安佛寺与旅游文化研究 [D]. 上海：上海师范大学，2005.
⑥ 傅生生. 道家思想与旅游文化的构建 [D]. 福州：福建师范大学，2006.
⑦ 桓占伟. 佛教旅游文化产品开发研究 [D]. 开封：河南大学，2008.

析》①、陈兆忠的《由南岳衡山管窥中国古代旅游文化》②、张玉峰的《唐宋元明时期崂山旅游文化探析》③、尹颜迪的《文化旅游的审美阐释》④ 等。

从翻译角度对旅游文化进行研究，如刘艳的《浅谈中国旅游文化的翻译》⑤、苏婷婷的《从认知角度看旅游文化的翻译》⑥、康凌燕的《从目的论的角度看中英旅游文化的翻译》⑦ 等，最终目的在于提高中国旅游资料翻译的质量，促进中国旅游业的进一步发展。

5. 旅游文化学作为一门学科出现，体系逐步完善

经过多年的研究积累，旅游文化的内涵与外延得到充分的发展，跃升为一个学科，这是旅游文化进入 21 世纪以来的最重大突破。

目前，以"旅游文化学""旅游文化学概论"或"中国旅游文化"等相关名称为书名的专著或高等院校教材超过 20 种，如表 2-1 所示：

① 刘现同. 两周时期旅游文化探析 [D]. 西安：陕西师范大学，2004.
② 陈兆忠. 由南岳衡山管窥中国古代旅游文化 [D]. 长沙：湖南师范大学，2004.
③ 张玉峰. 唐宋元明时期崂山旅游文化探析 [D]. 济南：山东大学，2009.
④ 尹颜迪. 文化旅游的审美阐释 [D]. 济南：山东师范大学，2010.
⑤ 刘艳. 浅谈中国旅游文化的翻译 [D]. 上海：上海海事大学，2006.
⑥ 苏婷婷. 从认知角度看旅游文化的翻译 [D]. 太原：太原理工大学，2007.
⑦ 康凌燕. 从目的论的角度看中英旅游文化的翻译 [D]. 西安：陕西师范大学，2009.

表 2-1 与"旅游文化"相关的专著或高等院校教材

著作名称	著者/编者	出版单位	出版时间
《旅游文化论文集》	白槐	中国旅游出版社	1991 年
《旅游文化学》	谢贵安、华国梁	高等教育出版社	1999 年
《旅游文化纵览》	崔进	中国旅游出版社	2000 年
《旅游与文化》	张文	旅游教育出版社	2001 年
《中国文化旅游——理论、战略、实践》	张国洪	南开大学出版社	2001 年
《中国旅游文化》	王会昌、王云海	重庆大学出版社	2001 年
《中国旅游文化》	甄尽忠	郑州大学出版社	2002 年
《旅游与中国文化》	沈祖祥	旅游教育出版社	2002 年
《现代旅游文化学》	马波	青岛大学出版社	2003 年
《旅游文化学》	章海荣	复旦大学出版社	2004 年
《旅游文化学》	钟贤巍	北京师范大学出版社	2004 年
《旅游文化》	喻学才	中国林业出版社	2004 年
《旅游文化学》	尹华光	湖南大学出版社	2005 年
《中国旅游文化》	潘宝明	中国旅游出版社	2005 年
《旅游文化学概论》	沈祖祥	福建人民出版社	2006 年
《旅游文化学》	姚昆遗、贡小妹	旅游教育出版社	2006 年
《中国旅游文化》	邱德玉	科学出版社	2006 年
《旅游文化学》	谢元鲁	北京大学出版社	2007 年
《旅游文化学》	刘敦荣	南开大学出版社	2007 年
《旅游文化学》	邹本涛、谢春山	中国旅游出版社	2008 年
《旅游文化学概论》	曹诗图、孙静	中国林业出版社	2008 年
《中国旅游文化》	陈来生	南开大学出版社	2008 年
《旅游文化学》	喻学才	化学工业出版社	2010 年

这些专著虽然在格式、体例、切入点、理论视野等方面不尽相同，但大多认同旅游文化学是"关于旅游文化系统及旅游文化研究的学问"这一共识，研究中也大多包括了旅游文化研究的理论体系、概念范畴，旅游文化研究的对象选择、方法运用与意义概括，旅游文化研究的条件、特点与规律，旅游文化的相关分类等诸多方面。

同时，也大多提及了旅游文化研究的历史、现状与趋势，但只是从各自研究的理论及实证需要出发，并未对近三十年来旅游文化研究做概貌式的整体观照，未能对每个历史阶段的特点及表征进行梳理，对当前旅游文化研究的现状缺乏深入把握，不利于旅游文化的深入发展。

此外，旅游文化的研究上升到美学、哲学的高度，拓展了旅游文化研究的理论层次。

曹诗图的《旅游学新视野：旅游哲学引论》由南开大学出版社 2008 年出版，是关于研究"旅游哲学"的专著，书中具体包括了旅游哲学的学术缘起与研究背景、旅游概念的哲学辨析、旅游的定义与概念层次、文化是旅游的内涵和核心属性、旅游的成人成才功能、旅游的文化教育功能解读与发挥等内容。在其专著的第三章旅游本质论中，指出文化是旅游的内涵和核心属性。[①]

曹诗图的《旅游文化与审美》由武汉大学出版社 2010 年出版，该书将旅游文化学与旅游美学有机整合，阐述了旅游文化和旅游审美的基础知识与基本理论，对自然风景、古典园林、传统

---

① 曹诗图. 旅游学新视野：旅游哲学引论 [M]. 天津：南开大学出版社，2008：7.

建筑、雕塑、书法、绘画、音乐、饮食、宗教、地域文化等旅游资源的美学特征、审美鉴赏方法进行了简明而生动的论述，并进行了跨文化分析和旅游开发的文化分析，是研究旅游文化与审美相互关系的专著，有较强的代表性。①

将旅游文化的研究置于全球化的视野下，是一种必然的选择。无论承认或拒绝，全球化进程已然渗透到经济、政治、社会、文化的方方面面，文化的全球化或者是全球化的文化维度已成为研究文化和旅游的定义域之一。旅游文化研究的历史及现状表明，旅游文化身处其中，受到多元影响，旅游文化的研究也呈现出新形态、新现象，特别是多学科多理论背景的介入，使得旅游文化的研究蔚为壮观，也隐约地透射出全球化时代旅游文化研究的广阔前景和发展路径，为旅游与文化的深度融合开辟了理论场域，具有强烈的现实意义。

第二节　旅游文化与解域化

如果排除把全球化的影响进行人为的"泛化"这一说辞，那么，旅游的全球化进程当然可以成立。正如理解文化的全球化一样，在旅游的全球化进程中，旅游及旅游文化不但是全球化进程中的构成要素，同时也承担着全球化的后果，用一个并不十分恰当的比喻来说，旅游及旅游文化即是全球化的助手

---

① 曹诗图．旅游文化与审美［M］．武汉：武汉大学出版社，2010：35.

（在一些人看来是帮凶），也是全球化的后果（或受害者）。这种既处于进程中，又承担进程带来后果的复杂关系，使得旅游文化与全球化之间的联结难以用时间的逻辑来表述清楚。然而，在他们复杂的联结中，这种网络系统有一个中心点，这即是旅游文化的解域化。

何谓旅游文化？在三十多年的旅游文化研究中，旅游文化的概念研究形成了一条有自身特色的轨迹。

1990年召开的首届中国旅游文化学术研讨会认为旅游文化的定义，可概括为三种表述方式：其一，旅游文化是人类过去和现在所创造的与旅游者有关的物质财富和精神财富的总和；其二，旅游文化是旅游主体、旅游客体和旅游媒体相互作用所产生的特质和精神成果；其三，旅游文化是以一般文化的内在价值因素为依据，以旅游诸要素为依托，作用于旅游生活过程中的一种特殊文化形态，是人类在旅游过程中精神文明和物质文明的总和。关于旅游文化的具体内容有两种意见：一是认为旅游文化的研究是对旅游主体文化、旅游客体文化、旅游媒体文化的研究；二是认为旅游文化由深层结构（指人类普遍存在的求知、求乐、求健、求美心理）和表层结构（指旅游景观、旅游设施等）两部分组成。旅游文化的特征中"综合性、地域性、继承性"为多数人认同。① 以上内容以会议纪要的形式发表，代表了当时学界对旅游文化形成的共识和研究深度。

而后，在具体研究实践中，部分学者又对这一概念进行了深

_____

① 　冯乃康. 首届中国旅游文化学术研讨会纪要［J］. 旅游学刊，1991（1）：57.

入挖掘，并提出一些较有新意的观点。喻学才认为，从广义上说，旅游文化学是一门研究人类旅游活动发展规律的学问；从狭义上说，它是一门研究商品经济运行环境下如何合理开发利用过去时代所创造的旅游文化遗产，如何立足本国本地创造有时代精神和地域特色的旅游文化的学问。① 马波认为，旅游文化是旅游者和旅游经营者在旅游消费或旅游经营服务过程中所反映、创造出来的观念形态及其外在表现的总和，是旅游客源的社会文化和旅游接待的社会文化通过旅游者这个特殊媒介相互碰撞作用的过程和结果。② 沈祖祥认为，旅游文化是一种文明所形成的生活方式系统，是旅游者这一旅游主体借助旅游媒介等外部条件，通过对旅游客体的能动活动，碰撞产生的各种旅游文化现象的总和。③ 张国洪认为，旅游文化是以旅游行为为核心、旅游产品为依托、旅游环境为背景的系统性场景文化，旅游消费与旅游服务行为文化、旅游资源文化和旅游产品文化、旅游环境文化共同组成了这一场景文化体系。④ 王德刚认为，旅游文化是以旅游活动为核心而形成的文化现象和文化关系的总和。⑤ 李学江认为，所谓旅游文化就是旅游者旅行、游乐引起的一系列文化现象，是旅游者离开居住地旅行、游乐过程中产生的一系列特质、制度、精神、行为文化成果的总称，它含有以"游"为主的旅游文化和以"旅"

① 喻学才. 旅游文化与旅游经济 [J]. 江汉论坛，1996：74.
② 马波. 现代旅游文化学 [M]. 青岛：青岛出版社，1998：37.
③ 沈祖祥. 旅游文化概论 [M]. 福州：福建人民出版社，1999：16.
④ 张国洪. 旅游文化学：研究选位与学科框架 [J]. 旅游学刊，1999：20.
⑤ 王德刚. 试论旅游文化的概念和内涵 [J]. 桂林旅游高等专科学校学报，1999（4）：38.

为主的旅游文化两个类别。① 吴光玲认为，"旅游文化"的侧重点在"文化"，是文化范畴的一部分。"旅游文化"重点关注的是旅游活动的基础理论，诸如旅游活动的属性、特征、影响等问题以及旅游业和旅游活动中的文化，而且把"旅游文化"划归于旅游社会学、心理学、伦理学、部分管理学范畴，指出"旅游文化"主要属于基础学科。② 刘爱萍在其论文中指出，文化旅游是一定区域或一定民族的旅游活动方式和特色，它包括旅游活动本身及其结果。具体来说，就是旅游行为文化、旅游物质文化、旅游规范文化和旅游精神文化。③ 也有的论者认为，旅游文化既是旅游者所向往和享用、追求的对象，也是旅游业和管理旅游业的政府所提供的"商品"，它维系着参与旅游经济活动的人之间的关系，是在经济利益上对立的旅游者和旅游业的共同旨归。从这个意义上说，旅游文化处于旅游者和旅游业双边关系的核心地位。④ 也有论者从文化形态分类入手将旅游文化分为原生性旅游文化和次生性旅游文化，意在打破"碰撞说"中的三体文化和六要素文化的传统界定。⑤

虽然多数研究者都未能在概念上达成共识，众说纷纭，莫衷一是，但无论是较早的"总和说""碰撞说"，还是较新的上述观

① 李学江. 旅游文化论［J］. 东岳论丛，2004（6）：85.

② 吴光玲. 关于文化旅游与旅游文化若干问题研究［J］. 经济与社会发展，2006（11）：161.

③ 刘爱萍. 论广义旅游文化的价值所在［J］. 旅游论坛，2009（8）：616.

④ 赵小鲁，王毅. 旅游文化在现代旅游中的核心地位［N］. 光明日报，2006-09-16.

⑤ 关维. 旅游文化新解［J］. 重庆科技学院学报，2009（1）：170.

点，学者们大都提到了旅游文化是各种文化现象的总和、综合，是一种体系或系统。在此基础上，本书将旅游文化概括为：旅游文化包含了文化在旅游全过程中的各方面各层次体现，是旅游主体、客体、介体在旅游全过程中所反映、创造出来的观念形态及其外在表现，包括一系列特质、制度、精神、行为文化及审美诉求，是一个系统的、开放的、动态的文化聚合体。

何为解域化？解域化（Deterritorialization）是一个被来自不同领域的理念家和批评家，为了不同的目的而使用的一个概念，其涉及范围广泛，其中包括了全球化研究和旅行及旅游研究，在这一概念的理论域中，全球化与旅游文化形成交集。① 解域化（Deterritorialization）是全球化研究中的核心概念之一，通常被认为是全球化产生的文化条件。阿帕度莱认为，解域化是现代世界的主要力量之一，而汤姆林森则提出，解域化是全球连通性的主要文化影响。

解域化主要是指现代先进信息和通信技术以前所未有的强度和速度从根本上转换了社会和文化生活所具有的情境化或本土化的面貌。解域化常常与一些概念或程序重合或关联，如脱离、分类、去空间化、去情境化、分离、去总体性、去殖民化、迷惘、背井离乡、去疆界化、非国内化、断层、置换、去本土化、去同质化、离散化、扩散、非中心化、去传统化、非物质化、文化破

---

① 解域化（Deterritorialization）在一些译文中又被译作"非领土扩张化"，强调这种扩张的形式与领土扩张的区别。[英]汤姆林森. 全球化与文化 [M]. 郭英剑，译. 南京：南京大学出版社，2002：156.

坏等，这些概念往往具有否定性，① 强调全球化从根本上使我们赖以生存的"地方"与我们的文化实践、体验、认同之间的关系发生转型，表明在地理的和社会的领土面前，"文化的自然关系"的丧失。

旅游文化的解域化表现在一个进程中的两个方面，一方面是旅游文化的去本土化，另一方面是旅游文化的杂交现象。全球化使解域化或去本土化成为一种必然，即把社会和文化实践从当地的具体环境中去情境化。但是文化又总是跟语境有关，解域化的意义又总是在新的语境中以不同的形式被重新地域化，这即是全球化的一种自相矛盾的现象，即全球化实现了所有文化的平等，同时也使得每种文化都表达了自己的特性，也即是"全球本土化"这样的一个概念。旅游文化的全球化与其本土化也处在这样一个逻辑之中。

旅游文化的去本土化主要表现在对目的地文化的影响方面，这在旅游业成为当地重要支柱产业的地区表现强烈。诺埃尔·萨拉萨尔（Noel B. Salazar）的研究或可为我们提供这样一个实例。

诺埃尔·萨拉萨尔是比利时学者，以"旅游与文化的全球地方化为研究对象，并集中于旅游想象与跨文化迁移观念之间的复杂联系或断裂"这一研究课题，他在印度尼西亚、坦桑尼亚、智利、比利时进行田野调查，并创立了文化流动研究、欧洲社会人类学家协会的人类学研究及移动网络研究。在他的《旅游与全球

---

① 王宁. 全球化百科全书［M］. 南京：译林出版社，2011：176—177.

地方化：地方化的旅游导向》一文中，他通过印尼约尔卡塔（著名文化遗产目的地）的这个虽小却有重要意义的导游团队案例分析，试图了解全球化是从何处和以怎样的方式进入地方的，二者又是如何相互影响的。意在分析全球化和地方化最终纠结在一起的方式。①

该研究以 2003 年夏天在印尼爪哇岛约尔卡塔市内周边地区进行的研究为基础，观察了五个与约尔卡塔旅游者酒吧有合约关系的导游的日常活动。并分析了他们在角色转换、导游实践中的全球化及地方化影响。

结论指出，在约尔卡塔旅行者酒吧中的导游小规模活动能够说明全球旅游和它的社会文化动态之间日益增长的复杂性。通过他们的日常工作，导游积极地帮助本地（再）建构、民间化、种族化、奇异化，通过外来影响，约尔卡塔的真正特征和独特性正在被外来影响持续破碎化（全球大众文化和旅游成为两个明显的例子）。通过怎样改写才算是文化遗产，包括日常生活中的和那些在导游手册和官方历史中没有记录的文化遗产，另一种爪哇经验已被构建并且对旅游者来说变得越来越有用。

然而，通过他们散乱无章和非语言表达的工作实践，导游们表现出了一个商品化的神秘化的全球地方化版本，作为全球出口的代表及包装好的本地。当然，我们应明白这些被研究的导游是真正的全球地方化的先行者。由于他们的欧洲雇主和个人国外经

① Noel B. Salazar. Tourism and Glocalization："Local" Tour Guiding [J]. *Annals of Tourism Research*, 2005, 32（3）: 628-646.

验，他们的全球地方化生活方式是完全不同于那些无证导游的，那些无证导游没什么机会去发展他们的专业技术，也完全不同于那些被他们定期参观的活生生的内在化的村民们。换句话说，在约尔卡塔，不是每件事、每个人时时处处都是全球地方化的。然而，整个社会文化环境正在经历一些不完全的全球地方化形式或是其他形式，导游们则是在这一过程中扮演重要角色的优秀演员。

总之，全球地方化的复杂进程需要通过实地的批判性研究来理解，即详细地、细致地探索日常文化实践、象征性想象和社会关系。而这些，再生产了全球地方化进程，连接起远方和不同地点。这包括了探索全球市场怎样与政治规则、社会形式、跨越不平衡的地理和历史的文化价值生产交互影响。毫无疑问，这种多维的方法斩断了近年来将经济映现为全球的、文化映现为地方的认识趋向。

在上述实例中，我们可以看到，旅游文化的解域化也即表现为旅游文化的全球本土化。在该研究中，通过研究导游的日常工作和他们对各种各样的全球观众的（再）介绍和（再）建构本地文化的方式，我们可以得知全球化与地方化是怎样密切地纠结在一起，全球化是怎样通过旅游或是其他渠道来改变当地文化的。

将全球化与地方化看作是相互对立的一对矛盾，这对理解和解释当代旅游是非常有益的，地方的持续不断地变形是随着全球化进程本身同时发生的许多方面变化中的一部分。全球化进程并不仅仅局限于旅游领域。旅游不仅被看作是一个经济工具，还要被看作是一个逐步增长的全球地方化文化的一个部分或表达方式。在这种语境中，一个国家如印尼，振兴文化遗产、成立旅游与文化部、在制定政策时有效地整合两个领域是非常有效的。

第三章　旅游的全球化后果

全球化时代的到来，工作与休闲界限是有着明显分界点的两个社会行为。旅游业的兴起与社会薪酬改革密不可分。全球化时代旅游的休闲性，与空间的移动密不可分，并且与众多的符号建构息息相关。

费弗曾提出后现代旅游概念，"第一，后现代游客不用离家，就可以看见知名旅游景点，身边的电视、网络、媒体任何地方的凝视可拿来跟别的地方比较，甚至放进新的情境下再次凝视。观光凝视已失去了独特性，因为民众大多都在扮演游客的角色。第二，后旅游主义者一方面摆脱高尚文化的束缚，一方面尽情追求享乐原则，无所顾忌。即三秒钟文化。第三，后旅游主义者知道观光旅游是深藏多种文本的游戏，唯一的旅游经验根本不存在。"①

因此，后旅游主义者影响旅游内容。旅游行程与一系列的生

---

① Feifer, M. *Going Places* [M]. London: Macmillan. 1985: 259-271.

产和消费过程紧密相联，现代社会主要以观光旅游与大众旅游为主，观光旅游和大众旅游与社会建构有着不可言喻的芜杂的关系。因为，无论是旅游的生产与消费，都在是在严谨的社会组织和规划下，让游客从中找到最大化的差异化旅游，并完成最初的目的。同时，后旅游主义者的消费方式和旅游方式，呼应着全球化时代消费模式，全球化带来了全新的更为复杂的旅游生产生活方式。换言之，全球化带来了旅游重大变革。

第一节　旅游媒介全球化

以互联网为代表的现代信息技术改变了人们的生产生活方式。我们历经三十年来"时空压缩"，在全球化各项媒介技术变更及近几十年的"时空压缩"中。体验着全球从固态的现代性演变成流动的、进程加快的"液态现代性"。空间距离不断地缩短，让运输枢纽转向下一个运输枢纽。

全球化带来旅游的全球交混。流动成为旅游的中心，各个层面打破区隔、界限，构成旅游与其他领域的交混，成为旅游全球化。

全球化带来旅游的全球沟通对话和与其他领域的交流混杂。全球交流融通加强了旅游和其他领域的交流融通。在不断的流动、联结、互动中，流动成为旅游的现代性的主要表征。各个层面和各个区域之间区隔，界限被打破，聚合成旅游全球化及全球化与其他领域的沟通融合。

全球化与旅游以一种复杂的有秩序状态不断地联结。旅游与文本、科技和社会实践紧密相联，旅游与网络、交通工具、环球金融等在全球持续交融。旅游的流动与全球化产物更加接近，网络、环球金融作为全球化的产物与旅游互动、联结。同时，全球融混下的网络，媒介信息也重新界定并演绎了旅游的"全球化"意涵。

全球化大潮的涌现，观光旅游与符号经济更迭交错。符号经济以观光旅游之名，负载在数不清的流动的实体或想象的虚拟之中。出游更像是在家。出游与在家逐渐趋向一致。当时，全球化大潮的涌动和冲击，全球化的旅游景点爆发式增加，流动成为全球化旅游的中心，流动与民族认同、文化认同渐趋密切。在流动中认同，在认同中流动，流动与认同互为中心和缘起。

全球各种意外失衡的社会流动和环境变迁，都对全球化旅游产生重要影响。"但出人意料的是，大规模流动反而提高了观光旅游的地位。将它从边缘推向了全球新秩序的中心。尽管观光旅游现在与休闲、购物、艺术、文化、历史、肉体、体育的界限愈来愈模糊。"①

旅游的体制化研究更为突出，与旅游相关的著作、教材、期刊大量出现，大批高校文化产业专业的设置，旅游产业呈现蓬勃发展之势。随着旅游产业的兴起，文化产业公司与不同层级的公

---

① ［英］约翰·厄里，［丹麦］乔纳斯·拉森. 游客的凝视［M］. 黄宛瑜，译. 上海：格致出版社，上海人民出版社，2020：35.

司联结，与政府、民间社会组织互动，都需引起我们对旅游文化本身的反思。

互联网改变着人们的生产和生活方式。我们在不断历经的时空压缩中，在各种科学技术的冲击下，体验着前所未有的现代性。随着时间和空间的压缩，旅游媒介渐趋全球化。

第二节　旅游日常生活化及文化的崛起

媒介全球化的后果引起旅游与社会、文化实践联结日趋紧密，旅游文化实践与日常生活差距日渐缩小。不同文化形式交互融合，改变了过去旅游与社会对话的方式。如旅游与影视、体育、购物、艺术、摄影、教育、建筑联结日趋紧密。

媒介全球化，使旅游与种类繁多的社会文化事件杂糅在一起，日常生活和旅游实践的联结更加紧密。当媒介全球化致使旅游的观光性与音乐、建筑、购物、娱乐、艺术勾连更加密切时，社会原有的结构性分化不太明显，不同文化形式与旅游观光之间联系日趋紧密。旅游实践与日常生活、文化的区隔愈加模糊。有时，我们无法辨别哪里是旅游，哪里是日常生活文化实践。而旅游本身具有求新求异的特点，随着旅游实践与不同门类的文化形式之间的区隔不断地被打破，旅游的差异性特质愈加珍贵而稀有。我们常说，旅游是不断地从家乡出走，到他乡去寻找自己的家乡的行为。即在不断与他乡风景的对话中，寻找差异、寻找自己家乡的影子。而这也正体现了旅游文化与日常生活实践化的悖论和纠葛。熟悉的陌生风景，也即此意义上的表达。

但是，旅游产业有一个潜在的内质的特性，旅游在休闲中往往不能真正体验社会生活。游客被限制在一定范围内。旅行社、导游让游客不需要负担任何责任，同时也不提供给游客真正的权利，游客在旅行社全权负责下，进行远离日常生活的旅行，并且是经过策划的一系列旅行和休闲。游客进行的旅行多是在旅游社操持的伪现实旅行。旅行社所制造的伪现实，与游客求真的目的大相径庭。这也致使旅行社重新考量考虑旅游本身的特性，对旅游产业进行革新。"正如特纳和阿什合写的《金帐汗国》所言，人们从个别旅行者演变成大众社会游客。"①

另一方面，在过去几十年，结构性分化长期主宰着社会。但是随着去结构性分化的加强，现代社会组织中，强调文化作为符号性经济，结构性与文化依然密不可分。

以中产阶层为例，中产阶层旅游需以文化加以标识。中产阶层通过媒介，不断塑造流行品味，以显示社会文化中的重要角色位置，因此中产阶层更为重视媒介的推动力，流行品味不断地塑形为一个个文化符号，中产阶层又不断更新文化符号形态。从每一个流行艺术符号，我们深切感受到中产阶层的审美趋向。为此，中产阶层的审美与社会文化实践不可分离。新媒体的崛起，让他们的趣味、日常惯习与日常信息文化杂糅交融，密不可分。

---

① ［英］约翰·厄里，［丹麦］乔纳斯·拉森. 游客的凝视 ［M］. 黄宛瑜，译. 上海：格致出版社，上海人民出版社，2020：9—10.

每个群体与不同群体之间打破区隔界限，互动互享，不断汲取其他群体的风格。随着网络的推动，他们之间的界限更趋模糊，不同群体的风格杂糅在一起。

布迪厄曾在《区隔》中，对知识分子进行了表述，布迪厄认为："知识分子工作时穿着随意，偏爱实木装潢，喜欢登山、远足、散步等户外活动。这些都彰显知识分子崇尚自然、野生世界的情怀。"① 而资产阶级真正喜欢"井然有趣，标识清楚的人造景观"② 实际上知识分子的审美以素朴之名，从事贯以文化之名，最经济实惠的活动。如登山、步行等运动。从事最具有颠覆性的活动，更加符合自然、原生态、本性等等。

城市里的打工者与服务人员，在积极参与着城市流行时尚的建构与传播。他们以各种方式、各种渠道悄悄地刷新流行时尚文化，并以旁观者和参与者的方式不断翻新流行文化，保持了高度的敏感性。并"以一种游戏的精神，掌握瞬息万变的风格"③。他们处于中产阶层之外，为了避免边缘化，他们需要不断地挑战高雅文化，游戏传统的文化形式。最终，"这种角色调换，加上知识分子对流行时尚或某一新事物高度敏感，产生了适合新潮风格快速传播的条件，无论是前卫到流行或是从流行到前卫，或从普罗大众到权贵富豪"④。

---

① Bourdieu, P. *Distinction* [M]. London：Routledge and Kegan Paul, 1984：220.

② Bourdieu, P. *Distinction* [M]. London：Routledge and Kegan Paul, 1984：220.

③ Bourdieu, P. *Distinction* [M]. London：Routledge and Kegan Paul, 1984：317.

④ Featherstone, Consumer culture, symbolic power and universalism [M] // G. Stauth and S. Zubaida. *Mass Culture, popular Culture, and Social Life in the Middle East.* Frankfurt：Campus, 1987：17-46.

布迪厄对新小资产阶级有只为当下活着的说明："他们自由自在，不受集体记忆所羁绊，不受众人期望所约束。"① 他们经常感觉愧为中产阶级，因为"他们认为自己难以归类，永远被群体'剔除'在外。无论如何都算不上一个阶级，在社会空间里也不占据任何固定地位，更不受任何内部单位加诸的暂时性结构所约束。他们有自己的生命周期，自己的长期规划（有时还会跨越好几个世代），也自有一套抵御市场冲击的方式"②。

詹姆逊提出混成发展，混成手法把时间碎化成"永恒的当下"。人活在东拼西凑的新怀旧时代里，经过理性的计算方式，呈现出非理性的模式。"精打细算的享乐主义原本集中在部分中产阶级之中，现在逐渐扩散开来。"③

第三节　旅游的全球化维度

（一）去区隔化，去差异化，去分层化。旅游的"三秒钟文化"

旅游全球化的后果是不断去差异化、去分化的过程。但旅游的真正目的是寻找差异。我们看到风格混搭，拼贴，速成，即

---

① Bourdieu, P. *Distinction*［M］. London：Routledge and Kegan Paul, 1984：317.

② Bourdieu, P. *Distinction*［M］. London：Routledge and Kegan Paul, 1984：370-371.

③ Featherstone, Consumer culture, symbolic power and universalism［M］//Stauth and S. Zubaida. *Mass Culture, popular Culture, and Social Life in the Middle East.* Frankfurt：Campus, 1987：17-46.

"三秒钟文化"①。同时又不断地被"去差异化",每个领域的个性化逐渐被消解。每个领域互相通融,个性化被打破,营造嬉戏视觉奇观。这些恰恰是去差异化的后果。但差异是现代社会旅游的最大目标,由于旅游不断地混杂、交融,现代社会旅游很难寻到差异性,后旅游主义去差异性与旅游差异性的目地构成了明显的悖论。

后现代社会呈现出碎裂化、片段化的状态,不断地复制,拼贴、混杂,消解整体叙事,不断打破分化,消融各种文化之间的界限,文化事例更加生活化,消弭了艺术和商品之间的区隔,使商业和艺术联系更为紧密,艺术与观众距离拉近,光晕消逝。

同时,为了满足大众对"新"的执着,后旅游不断推出拼贴、混杂的风格。持续追求"新"是旅游稳定的目标。为此,旅游产业不断推出新型的消费模式,确保满足大众需求持续不断更迭。中产阶层也在颠覆本有的文化形式,使自然与人工、流行与经典,不断夹杂糅、拼接、混合。"当今的文化市场,雅俗不分,擅长把昨日惊世骇俗之物与今日荒诞可笑之事都搅在一起,拼凑出一个再琐碎不过的拼贴物。风格就是一切,一切都可以变成风格。"②

---

① ［英］约翰·厄里,［丹麦］乔纳斯·拉森.游客的凝视［M］.黄宛瑜,译.上海:格致出版社,上海人民出版社,2016:120.
② ［英］约翰·厄里,［丹麦］乔纳斯·拉森.游客的凝视［M］.黄宛瑜,译.上海:格致出版社,上海人民出版社,2016:118.

（二）旅游业不断细化消费者的需求，以满足旅游差异化特色

以后旅游主义为例，大众旅游标准化特色已渐被差异化替代。以前，旅游具有同质化的特色，游客及消费者被视为同一的无差别的整体。到了后旅游主义者这里，他们更加追求差异及个性，并且力求极致细节化的差异，这促使旅游业者不断细化消费者的类型，不断提供多样化与个性化的需求，以满足消费者的差异化特质。

从旅游活动我们能看出不同阶层的审美区别和差异。布迪厄曾在《区隔》中认为知识分子的审美带有一点禁欲主义味道。而资产阶级则偏好富丽堂皇的装潢，知识分子为了象征性地颠覆资产阶级细节和规范，偏爱自然，天然地喜欢登山、远足、散步等户外活动。实际上资产阶级喜欢有秩序的人造景观"①。城市里的打工者与服务人员，在积极参与着城市流行时尚的建构与传播。他们以各种方式、各种渠道悄悄地来刷新流行时尚文化，并以旁观者和参与者的方式不断翻新流行文化，再以游戏的精神，冲击原有的流行时尚，为此保持了流行性和时尚性。

中产阶层、知识分子、城市的打工者，都以不同的审美趣味和差异表达着对观光旅游的建构、延展。旅游产业不断细化消费的差异，才能满足旅游消费的新。

---

① Bourdieu, P. *Distinction* [M]. London: Routledge and Kegan Paul, 1984: 220.

（三）旅游的质素：永不餍足的"新"与无法再现的"真实"

消费引起旅游不断求新的特征。永不餍足的"新"成为旅游追求终极目标，同时，旅游的真实是旅游的重要质素。真实成为旅游的一种奢望，旅游正在进入到"体验"经济时代。

消费的核心是"求新求变，永不餍足"。大众从商品的选择、购买和使用中无法获得满足，每次购买完成后，购买带来满足，同时也带来满足后的失望，同时期待下一次的购买，渴望新产品带来新的满足与快乐。在不断求新中，不断选择新和享受新的过程中，完成期待与消费，接着又被下一次购买的新鲜感和期待所替代，这样不断求新，不断变化，永不满足，永不停止。坎贝尔针对消费行为的特质所做的经典分析，"他认为做白日梦和暗自期盼，是现代消费主义的两大核心要素"①。

在大众不断追新的过程中，"新"的主要质素是真实，而再现的真实是非真实。在后现代旅游中，大众在再现的真实中追求到的是一种体验。旅游进入到体验经济时代，大众通过符号价值的交换来建构社会认同，最终以一种奇观的精神接受它。

迪士尼化就是一种体验经济，把商品和服务差异化、细化，并通过分化体验，来提高商品服务的价值，仿佛梦幻一般，将平凡化为神奇，将大众更加个性化。

在体验经济中，真实成为了问题。真实与再现有着微妙的联

---

① Campbell, C. *The Romantic Ethic and the Spirit of Modern Consumerism* [M]. Oxford: Basil Blackwell, 1987: 101.

系和不可言语的密切关系。后现代呈现真实越加困难，因为依靠图像的现代社会，再现与真实之间的关系越加迫近，再现与真实的关系更加迫切，真实呈现为一种再现。

同时，再现和真实之间的界限愈加模糊。再现和真实之间更加密切、贴近。在媒体化、信息化时代的当下，图像和视觉无处不在。再现与真实之间更加密切，更加难以区辩。如鲍德里亚所言："我们消费的东西，充其量是一堆符号跟再现罢了。"① 人类虽然通过符号价值（sign-values）的交换来建构社会认同，但是却以一种奇观的精神来接受它。复制品比实物还真实。② 艾科说"在过度真实中旅行"③。真实成为后现代的一个最大问题。

第四节　地方化与他者的对话

（一）凝视即对话

毛兹提出"相互凝视"的概念主要阐述了东道主与游客往来之际所展示的互动与反抗。毛兹说："当地凝视的基础奠定在更复杂的双面图像上，游客凝视与当地凝视并存，相互影响对方，

---

① Baudrillard, J. *Simulations*［M］. New York：Semiotext（e），1985：87.
② ［英］约翰·厄里，［丹麦］乔纳斯·拉森. *游客的凝视*［M］. 黄宛瑜，译. 上海：格致出版社，上海人民出版社，2016：113.
③ Eco, U. *Travels in Hyper-Reality*［M］. London：Picador, 1986：165.

滋养彼此，两者最后形成所谓的相互凝视。"①

在游览过程中，游客与客源地人通过凝视互相交流、互相影响。游客关注客源地风景同时，也在客源地进行无所顾忌的活动，同时，客源地人也在静静地回望游客。

毛兹根据民族志材料，归纳出三种当地人响应模式。"合作模式，采取合作模式的人通常'丧失权力'，尽可能或无条件配合游客的要求，为了满足游客的欲望，改变自己的生活与工作形态。二是有些人甚至将游客凝视内化成自己的一部分。不过毛兹还区分了两种抵御模式，一种是低调的'掩饰性反抗'，当地人嘲笑游客，说长道短，却没忘记善用'舞台化真实'，以商品、服务、灵性等引诱游客。一心追求本真的游客根本无法注意到当地凝视，也不太可能察觉舞台化表演，另一种是公开抵抗，碰上傲慢、可憎的游客，当地人直接予以反击，比如发生言语冲突，在告示牌上载明遵守事项，故意怠慢粗鲁的消费者，有些店家公然拒绝游客进入。毛兹提出相互凝视弥补游客凝视的不足之处。游客凝视若能正视主客之间、游客和中间人之间、不同游客之间存在所谓的相互凝视，游客凝视才有办法处理表演与互动，避免过度简化。"②

游客在当地的旅游，不仅是单一的游览，游客在游览过程中，通过各种介质，把本有的先前累积的想象不停地进行虚构想

---

①　[英] 约翰·厄里，[丹麦] 乔纳斯·拉森. 游客的凝视 [M]. 黄宛瑜，译. 上海：格致出版社，上海人民出版社，2016：235.

②　Maoz, D. The mutual gaze [J]. *Annals of Tourism Research*，2006，33 (1)：235.

象，填补鸿沟，参与故事的建构。因此，"营销商不仅是传授历史知识，游客也不只是被动学习过去发生的一切。双方通过密集的互动，借助交涉、体现、叙事完成等手段，联袂展演历史"①。

在每一场旅游中，游客在貌似有秩序的程序中展开，但在后旅游社会中，游客在进行自主地选择与放弃。他们看似不经意，实际上是以一种更复杂的途径与方式参与建构。他们不断地游览、观看，同时也在不断践行游客自由权利和责任。伊登瑟说："如果我们一致照字面上的意思解读这些象征物，很容易流于空间决定论，误以为游客永远循规蹈矩，被迫表演特定的戏码。我们从塔克民族志的研究中看到年轻团员的反抗。"② 游客既是表演者，又是观赏者，他们深居社会关系之中，并在无意中参与了探讨不同社会形态的话题。

（二）影像召唤地方化与他者的对话

影像具有召唤作用，一张极具商业化特色的影像，同时也是极具诱惑力的。"光是一张照片，便能使人兴冲冲背上行囊，纵使路途遥远，倾家荡产，也在所不惜。"③ 旅游图片召唤人们去旅行的欲望，并以极致想象来呈现完美的旅游的景点，以挑起游客的期待愿望。

---

① ［英］约翰·厄里，［丹麦］乔纳斯·拉森. 游客的凝视 ［M］. 黄宛瑜，译. 上海：格致出版社，上海人民出版社，2016：238.

② ［英］约翰·厄里，［丹麦］乔纳斯·拉森. 游客的凝视 ［M］. 黄宛瑜，译. 上海：格致出版社，上海人民出版社，2016：239.

③ ［英］约翰·厄里，［丹麦］乔纳斯·拉森. 游客的凝视 ［M］. 黄宛瑜，译. 上海：格致出版社，上海人民出版社，2016：201.

在图片的召唤下，游客开始了愉快之旅。摄影图片对旅客开始施展召唤，宛如"身临其境"，图片中的影响是在文化和图像交汇融通中建构出来的，具有"回看"特点。

相片开启"想象之旅"与"记忆移动"，通过相片再现旅游瞬间，使旅游景观存续，并在时空上有所延展，展示相片让游客产生共鸣，从而与游客在情感上互动，在图片的强烈共情共景下，让游客对图片上的人、事、景有深度的体验。

旅游产业通过操控图像激发游客视觉的潜意识，似乎把游客带入现实的旅游目的地。一张具有巨大诱惑力、想象力的图片，会激发游客的潜在的强烈的期待感，会激发旅游者强烈的现场一游欲望，并再次在图片上勾起旅游者的回忆、冲动。

商业旅游影像通过调动旅游观者看的期盼，满足观众产生看的欲望，图片具有导引性作用。同时，商业旅游影像也可借助旅游境地 IP 形象来满足消费者的欲望。旅游境地是原生态的、素朴的、未城市化的、超越现代化的景观。

商业旅游摄影所展示的标识性的令人耳目一新的自然景观，是深具戏剧化效果的，无论是从专业摄影的角度，还是从展示给大众理想化、标识性、文化性的突出特色上来说。旅游产业用尽心思，让游客不断回忆、回看、追忆这些图片，最后这些近乎完美的图片甚至被制成商业景观。

游客景点图片常常被游客作为剧院，游客在建构故事的同时延深社会认同，游客在图片这个剧院中，再次创造故事，并再次凝结了游客的真情。

图片引导和操控旅客观看，同时图片也在演绎与探索旅游消费与记忆。"在视觉理论视阈下，检视旅游组织如何运用相片的凝聚点，撩起游客的期待，建构游客凝视，游客通过照片，让凝视持久一点或引起下一次的'回看'。游客虽然会稍纵即逝，但图片会成为凝视的集聚点"。①

旅游产业会在图片的集聚点上，突破时空限制，畅通无阻。影像自由流通越畅快，地方的景况流通也愈加突出。客源地可以通过相片与其他地域建立联系，摄影，满足想象旅行和旅行的渴望。旅游不断在他乡寻找家乡的景致。

总之，商业赋予了摄影在旅游产业的双重作用。一方面摄影参与了地方形象的建构，另一方面，摄影促进了主体构成、地方景点的营销。游客以特有的角度阐释、解读图像。②

旅游的全球化后果，是差异性和寻找真实的特性的凸显。差异的目的是为了保证旅游文化的原生性。差异会带来活力、风格，差异也是凝视即对话的主要支撑点。没有差异，凝视即对话不能发生，只有差异产生，才能有主源地与客源地的凝视，即对话。所以，旅游的差异就是寻找旅游主源地与客源地的衔接点，即对话。在这个点上，主客源地才能产生对话。差异不断地延异更替，才能带来活力的不断延续和增长。随着活力的增长，差异

---

① ［英］约翰·厄里，［丹麦］乔纳斯·拉森. 游客的凝视［M］. 黄宛瑜，译. 上海：格致出版社，上海人民出版社，2016：180.

② Goss, J. Placing the market and marketing piace：tourist advertising of the Hawaiian islands, 1972-1992［J］. *Environment and planning D：society and space*，1993，11（6）：663-688.

又在不断消逝。如果想保持旅游差异的延续，就需要再制造新的差异，才能持续这种差异。这样，差异就会依然存在，并无时无刻不在持续着自我的活力、风格和价值。差异是旅游文化的生态，是旅游文化的缘起。

第四章　全球化对旅游文化的影响

　　理解和探析全球化对旅游文化的影响应有特定的视域，这不仅关乎对论题——全球化与旅游文化——理解的深度和精度，更关乎对这一论题现实意义的挖掘。本书认为，全球化对旅游文化的影响是在全球化进程与现代性或后现代性并行的这一理论及现实的前提和背景下展开的。而从这一视角来看，全球化在文化维度上对旅游文化产生影响有特定的发生域，主要表现在文化体验、审美经验、传播媒介等三个层面。

第一节　全球化对旅游文化影响的解析视域

　　全球化、现代性及后现代性在目前是学术界的热点词汇，它们之间纷繁复杂的关系也为人所称道，在不同视域中，这三者有着不同的关系。而目前，全球化进程与现代性或后现代性并行是当前全球化在文化维度的一个重要特征。

（一）全球化作为现代性的后果之一，这样的论断已响彻学术界

安东尼·吉登斯（Anthony Giddens）在其著作中鲜明地宣称，"现代性的根本性后果之一是全球化"①，艾森斯塔特（S. N. Eisenstadt）也指出，"现代性正在内在地经历着全球化的过程，这在现代制度的大多数基本特性方面，特别是在这些制度的脱域与反思方面，表现得很明显"②。在社会学视野内，全球化与现代性这密不可分的亲缘关系，似乎可以概括为"全球化一定是现代性的全球化；现代性也必然是全球化的现代性"③。

然而在社会学界，关于全球化理论逐渐形成了两个阵营：一种看法如前述所持观点，把全球化看作是现代性向全球扩张的过程，人类社会当前正在进入这样一个阶段；而另外一种看法则认为，全球化是完全不同于现代化的一个崭新的人类社会进程，全球化与现代化之间、全球性与现代性之间存在着明显的断裂，就像现代化所创造出的现代性与传统性之间、现代社会与传统社会之间的鲜明的二元对立，代表人物是马丁·奥尔布劳。他在《告别民族国家》一书中认为，全球化与现代化之间存在着某种断裂，全球时代

---

① Anthony Giddens. The Consequences of Modernity [M]. Stanford：Stanford University Press，1990：175.

② ［以色列］艾森斯塔特. 反思现代性 [M]. 旷新年，王爱松，译. 北京：生活·读书·新知三联书店，2006：14.

③ 陈辉. 全球化时代之现代性与文化认同 [J]. 黑龙江民族丛刊，2009（2）：138—142.

是一个非现代的时代，因为在他看来，社会的现代性同民族国家、理性（马克斯·韦伯所说的）和功能分化（塔尔科特·帕森斯、尼克拉斯·卢曼所说的）密切相关，并且正在走向终结。①

尽管上述论断对现代性与现代化并未做出更加明确的切分，但在社会学意义上，这二者在更宏观的意义上可以化约。因此，有的论者在对全球化与现代化做比较后指出："就全球化的目前阶段而言，其很大程度上是现代化的全球延伸和扩展过程。"②

（二）后现代性就是全球化的文化

詹姆逊认为："后现代性和全球化是绝对不可分的。全球化是后现代性的另一个方面。尽管后现代性的一些特点，比如'空间性'和'不可描绘性'趋于全球化这一方向，但我想在当前，全球化这个词和这一现象能使我们更好地理解后现代性是一种什么样的文化，并且知道后现代性，准确地讲，就是全球化的文化。"③

这里詹姆逊将全球化看作是后现代性的另一个方面，并且认为后现代性就是全球化的文化。然而需要进一步阐释的是，全球化的文化，也即"文化全球化"，与后现代性在文化层面是怎样联结的呢？

首先，让我们来明确什么是后现代性？有学者指出，后现代主义可能会以变体的形式出现。

---

① 刘挺. 现代化、全球化：延续或断裂？[J]. 广西社会科学，2005（7）.
② 刘挺. 现代化、全球化：延续或断裂？[J]. 广西社会科学，2005（7）.
③ 王逢振. 詹姆逊文集：第3卷　文化研究和政治意识 [M]. 北京：中国人民大学出版社，2004：404.

他认为，经过历时三十多年的关于后现代主义问题的辩论，东西方学者大概已经有了一个基本的共识，即后现代主义虽然产生于西方后工业社会，但它并不是西方社会的专利品，越来越多的事实以及东西学者们的研究成果证明，后现代主义有可能在某些局部率先进入东方或第三世界国家，以变体的形式出现。这一现象的出现一方面是文化交流和文化接受的产物，另一方面也是某一东方或第三世界的民族文化自身发展的内在逻辑使然。因而连弗雷德里克·詹姆逊（Fredric Jameson）、杜威·佛克马（Douwe Fokkema）这样的曾一度认为后现代主义不可能出现在第三世界国家的西方学者也改变了原先的片面观点，认为这是一种国际性的文化现象或一场国际性的文学思潮和运动，它并非只出现在先行进入后工业社会的西方发达国家。

他还分析了从后现代主义到后现代性的过程，并指出后现代性思潮带来的一个直接后果就是文化的全球化现象。

他认为，从有着强烈西方中心色彩的后现代主义这个概念演化为有着更广泛全球意义的后现代性这个概念，不仅取决于西方学术界内部的解构和消解中心等尝试，在更大程度上也取决于广大东方和第三世界知识分子在弘扬本民族文化方面做出的不懈努力。此外，经济的迅猛发展，信息时代大众传媒的作用，计算机对知识的储存和转化等程序都在相当程度上促进了"文化全球化"的到来。①

---

① 王逢振. 詹姆逊文集：第3卷 文化研究和政治意识［M］. 北京：中国人民大学出版社，2004：404.

经过从北美到欧洲进而扩展到全球的后现代主义这一本来局限于西方后工业社会的现象，终于演变成为一种国际性的后现代性思潮，它带来的一个直接后果就是文化的全球化现象。正如詹姆逊在谈到后现代主义在中国的接受情形时所指出的，除了西方理论的影响和中国学者的自觉介绍和创造性接受外，后现代性在包括中国在内的世界各地的蔓延还取决于另外三个因素，这就是（跨国）资金的运作、全球性的资本化以及（计算机）信息时代的到来。这三个因素合在一起便形成了导致"文化全球化"的强大推动力，即使再牢固的民族文化机制也难以阻挡这股大潮。①

其次，经济、文化和政治的不同层面之间的汇聚融合，形成了全球化的基本特征，后现代性已经具有文化消融于经济和经济消融于文化的特征。

学者王逢振指出，现代性和后现代性都是人们认识问题设定的概念，它们之间既有断裂，也存在着联系。人们对问题的认识，是一个不断概念化的过程，或者说是一个不断叙述的过程。而人们对过去的认识，无一不以现在的认识为根据……经济不断地面临消失到全球化其他层面或其他方面的危险。今天，经济力量至少部分是技术的力量，或者是与新技术控制相关的力量。同时，尽管政治力量无疑服务于经济利益，但在所谓的发展中国家，经济力量也可以强化或衍生地缘政治的重要性。而说到底，后现代性已经具有文化消融于经济和经济消融于文化的特征。②

① 王宁. 后现代性与全球化 [J]. 天津社会科学，1997（5）：80—85.
② 王逢振. 全球化与中国的现代性 [J]. 郑州大学学报，2004（5）.

最后，后现代性与"文化全球化"经由传媒而发生联系。在詹姆逊眼中，全球化首先是一个传媒概念，交替地掩盖与传递文化或经济含义。同时他又反对把全球化仅仅当作这种传播学术语来考察，认为以传媒作为全球化概念的焦点在本质上是不完整的。因为今天传媒的发展再也不具有现代主义时期的"启蒙"寓意，取而代之的是后现代新科技的内涵。①

詹姆逊认为："后现代性就是类似其基础的某种东西，即新时期技术的、社会的、经济的特殊性。简言之，人们可以说，后现代性是新的传播技术的领域，是新技术在世界上所激活的一切事物的领域，包括商业生产和其余的一切。"② 此后，传媒概念范围更加扩展，被认为是"一种对于世界市场与其新建立的相互依存关系的看法，一场特大范围内的全球性劳动分工，以及充斥着商贸与金融之类东西的新的电子商务路径"③。此时，后现代已由经济扩展到文化，传媒这一表层概念也具有文化的深层意义，对此詹姆逊再次指出，"这一表层概念，这一传播性概念忽然具有了一个完整的文化层面：这一传播性的记号被赋予了一个更为恰当的文化层面的所指或意义。现在，这种对于传播网络扩展的假设已经被暗中改换成某种关于一种新的世界文化的消息"④。

① 徐凤，倪寿鹏. 詹姆逊"文化全球化"理论立场与层次分析［J］. 广西师范大学学报》，2010（2）：51—55.

② 王逢振. 詹姆逊文集：第3卷 文化研究和政治意识［M］. 北京：中国人民大学出版社，2004：418.

③ ［美］杰姆逊，［美］三好将夫. 全球化的文化［M］. 马丁，译. 南京：南京大学出版社，2002：56.

④ ［美］杰姆逊，［美］三好将夫. 全球化的文化［M］. 马丁，译. 南京：南京大学出版社，2002：56.

可以看出，上述后现代性与"文化全球化"发生联系的过程是较为繁复的，其特点可以简要地概括为，"经济似乎不断地消融到全球化的其他各个层面：控制新的技术，强化地缘政治的兴趣，并最终因后现代性而使文化融入经济之中——而经济也融入文化之中"①。

也即是说，"由于沟通、信息和交通领域的革命，以及通过跨国公司及其支持机构的组织，使得资本主义摧毁了马克思在19世纪中叶过早预言的对它进行的所有抵抗。不仅是金融全球化了，而且生产组织也全球化了……劳动大军的储备现在是全球的了，资产阶级和管理者阶层的构成也是全球的了。代表着资本主义特征的消费文化在现阶段也全球化了，而且使生产、工作及管理跨国化的文化实践（包括法律和教育）也全球化了"②。

正是在这样不断全球化的层面中，文化的全球化进程加快了。文化的全球化至少涉及全球化的三个层面。第一，在更大的区域范围内思想和其他象征性产品的传播（也即所谓意义的流动）。第二，当人们越来越多地参与全球性活动和"扩展的"社会关系时，他们会根据共有准则和知识来组织这些关系。第三，随着全球化使得世界越来越小，更多人着眼于世界的运行方式，以理解这个"越来越小"的星球，由此而形成的世界文化用以诠释在单一的全球化空间里的社会生活，它包含着象征性工具（其

---

① 王逢振. 詹姆逊文集：第 3 卷 文化研究和政治意识［M］. 北京：中国人民大学出版社，2004：368.
② ［美］阿里夫·德里克. 后现代主义、后殖民主义和全球化：当代马克思主义所面临的挑战［J］当代世界与社会主义，2007（2）：144—149.

中包括人权原则和国家运行方式的理念）。① 然而，思想和象征性产品的传播、用共有准则和知识来组织社会关系、世界文化这三个方面，在当前我们的现实世界中，又可以被纳入现代性或后现代性视野，应该说"文化全球化"发展正处于现代性与后现代并行的时期，或者转译为"文化全球化"、现代性、后现代是当前文化存在这一现象的三个侧面。这为我们深入解析全球化对旅游文化的影响开辟了更为广阔的理论视野，也为我们清醒地认识当前理论乱象提供了切实的依据。

第二节　全球化对旅游文化影响的表征

（一）世俗文化体验对于旅游文化的影响

1. 世俗文化体验介入旅游主客体的交往

全球化带来世界经济文化的流动性、变迁性和关联性。当今在全球化的趋势下，旅游者更为频繁自由地出入社会文化迥异的国家和地区，积极影响着日常生活环境里的周边居民，并以独特的文化价值对目的地居民及其世俗文化体验实施影响。旅游者一旦进入接待地，与接待地发生各种各样的接触，势必对接待地的社会文化造成影响。从文化人类学的角度来讲，旅游是一种感受

---

① 王宁．全球化百科全书［M］．南京：译林出版社，2011：145.

和体验文化差异的活动，是一种客源地与旅游接待地异文化之间的跨文化交流。

全球化对于文化的冲击，首先表现在它借助于商品的扩张渗透到人们的日常生活中，并不断地强化着世俗体验和文化认同感，致使旅游产品在现代技术的包装下渐变为同一化产品，具有趋同性，同时旅游者的旅游消费性也呈现全球单城性特征。这种全球化的流动致使流动的态势呈现出不平衡性。

在现代社会中，旅游者与旅游目的地的关系呈现为辨认地方性和实现民族自我认同为导向的关系文化。旅游者倾向于在旅游目的地获取社会政治经济文化知识，在交往中更注重旅游者与目的地的世俗文化交往。在此，应将旅游置于一个开放、流动的环境，确认文化的主体性和多元性，实现自由文化交往的丰富性。

2. 世俗文化体验使旅游交往文化内蕴丰厚

全球化过程中现代化社会使旅游产品和服务日益标准化。当代旅游重视旅游服务体系的完善，旅游过程中诸多因素受全球化的影响朝标准化迈进，旅游各要素的标准化是旅游服务管理的必然需要，而这种标准化避免不了同一化的趋向。但是旅游具有异地性特质，旅游目的地的趋同化却正好消解了其异地性魅力。

在旅游发展过程中同一化与民族化始终是一个矛盾。旅游自身包含了作为日常生活部分的世俗行为和作为生活超越的文化体验行为，旅游过程中的吃住行等消费，这些产业范畴的机构及其运行要求以现代化和标准化服务为准则，而超越性的文化交往体验却需要保留并彰显原生的地方文化。旅游者的到来能为静止的或不自觉的地方文化注入各种物化的、意化的要素，从而构建一个独特的地方性旅游景观。

世俗文化体验也是由多个方面所决定的，如人们的民族或民族认同感，对"地方"实践和预警的附属感等，至今还没有被商品同质化。相关研究者曾强调："民族文化顽强保持着特殊性，与时间密切相关而且富有表现力。"① 民族认同感的建构，必定寄生在深层次上的集体认同感之上，这种认同感为居于地方性的人们所共有，包括感情和价值观，这是更倾向于民族认同的连续感、共同记忆和共同命运感而言的。而全球文化必定缺乏共同的历史体验、连续感、共同的记忆成分。可见，民族文化本身的存在就是栖居于全球文化的显现之中。

当作为西方文化体验的旅游客体，在对旅游主体产生一系列的冲击时，我国旅游业应如何应对？在开发与建设中旅游业应有怎样的担当？在旅游产业上应如何表达？入境旅游和出境旅游的规模与日俱增，我们作为旅游主体和客体共存的统一体，应如何在这种全球同一化的冲击下既发扬地域性、民族性特征又具有时代鲜明性？西方旅游这种文化商品化的现象正在波及着我国旅游业的发展，同时也是我国旅游业多样性和丰富性的一种威胁，这是我们不得不思考的一个问题。

3. 世俗文化体验使旅游交往单一化

在某种意义上，多数人文化体验的部分内涵，通常是世俗和

_____

① ［英］汤姆林森. 全球化与文化［M］. 郭英剑，译. 南京：南京大学出版社，2002：13.

日常的生活体验。全球化不仅是资本、劳动力和商品在全球的流动，还从本质上使人们生存的地方性区域性文化与我们的文化实践、文化体验和文化认同感的关系发生了转型，带来一种单一的文化体验。

现代社会中，传媒技术的发达致使信息迅速流动，文化越来越商品化，购物活动成为后现代西方社会的流行文化之一。在现实生活中，人们能够在旅游领域看到文化、娱乐、消费的实践结合。但是在"文化全球化"冲击下，文化世俗体验同一化达到了一个高峰。"越来越多的加拿大旅行团队现在开始走向西埃德蒙顿的商店区，而不是去参观尼亚加拉大瀑布"①，人们大部分时间会在介体的规制和影响下去购物，并把购物当成休假。但是，这种日常的旅游消费没有了美学和富有诱惑力的特征，渐渐地商品化并使人们焦虑感剧增。这种"日常生活美学化"的地方景观和"视觉消费"在日常生活的旅游消费中体现出来，并体现为后现代的文化体验趋同性和单一性。

旅游过程中的"吃住行游购娱"，都与世俗和日常生活体验层面紧密相连，密不可分。据调查，2018 年中国公民出境游人数达 1.5 亿，比上年同期增长 14.7%。2018 年实现旅游总收入 5.97 万亿元，同比增长 10.5%。购物成为旅游消费主要环节，并成为一种旅游生活习惯，而旅游交往的目的是为旅游者与目的地社会提供适当的心理审美距离。这不仅意味着民族性和地域性文化的

---

① ［英］汤姆林森. 全球化与文化［M］. 郭英剑，译. 南京：南京大学出版社，2002：27.

审美价值的实现，也意味着旅游者的主体审美体验超越了世俗生活的异己力量，在审美层面上与目的地社会文化达到自由融洽的交流和普遍情感意义上的相互理解。

（二）审美经验对旅游文化的影响

1. 审美经验对旅游者的影响

旅游者作为旅游活动的主体，他的审美情趣、个人价值趋向、气质性格都在影响着旅游动机和旅游需求。产生旅游动机的因子之一是旅游者的审美经验。对于现代旅游者而言，满足心理需求和审美需要，已成为首要内容。旅游者作为旅游消费者，其主体的审美内涵规制着旅游消费行为，同时影响了旅游的需求。审美经验是精神的较高层次，规制着世俗文化消费，尤其是旅游中必不可少的六要素"吃住行游购娱"。

同时，旅游也是对异地文化或异质文化的憧憬、希望等审美需求得到满足的过程。"文化全球化"冲击下，人们的价值观念、道德准则、理想诉求在趋于同一化，旅游文化作为一种文化行为和文化现象，也在悄然变化。一些旅游者的旅游消费动机有趋同化倾向。但旅游本身作为一种异地性文化的体验行为，在制约着旅游文化行为的同一化，高科技狂欢化社会的变迁，互联网和媒体的联结带来的信息的"滞涨"，使人们产生与日俱增的信息焦虑，由此而来的心理压力导致人们的疲惫感剧增。而旅游者本身更希望通过涉足、观赏、接触、体验异地文化或异质文化的过程，来消弭文化机械性带来的焦躁和倦怠。在此，地域性文化传统和民族性审美文化的异域性、独特性、新颖性、艺术性、不可复制性吸引着旅游者的旅游动机。地域文化和民族文化的历史厚重感和文化意蕴也加深了旅游者的审美满足。

2. 审美经验对旅游吸引物和目的地的影响

首先，旅游吸引物是吸引旅游者动机的源泉，旅游吸引物是旅游目的地构成因子之一。旅游资源是旅游吸引物和目的地的来源。通过探讨旅游资源来达到对旅游吸引物和目的地的研究，这也不失为一种较好的通达途径。

旅游目的地的趋同化正好消解了旅游自身的魅力。旅游活动的产生和普及，旅游资源的吸引和激发是必不可少的要素之一。旅游资源所具有的魅力激发了人们的旅游动机和愿望，并转化为实际行为。一个国家和地区的旅游吸引力，主要来源于资源的文化含量及其独特性，而这种特色在很大程度上取决于资源的文化含量及其独特性。

在现代社会中，旅游资源的开发和建设要在民族和地域文化特色的基础上开发，这种开发必然要受到开发者和建设的文化价值取向、审美倾向的影响，应在全球化背景下开发出既符合时代特色，又具有民族审美因子的旅游资源。旅游资源不但产生经济效应，而且具有社会效益和环境效益，旅游者参观游览的过程也是一个学习的过程、接受教育的过程。旅游资源本身具有较高的艺术价值，承担着传播知识的社会功能。从旅游资源来看，不管是以实物形态存在的文化古迹，还是无形的民族风情、社会风尚都在潜移默化地影响着人们。

在这种学习、传播、受教育的过程中，具有民族性文化和地域性文化的审美资源具有恒定持久的生命力和强势的竞争力。

其次，旅游本身是旅游者与旅游目的地文化现实交往的过程。一方面，受全球化的影响，旅游者参观旅游地，旅游者所携带的主流的大众文化对异地文化带来冲击和影响。旅游目的地在受到这种冲击后，有可能失去地方的本民族的特色。但是，旅游者也有充分释放被同一化文化压抑的生命激情，也更有积极容纳异己文化、减少文化冰冻的需求。另一方面，在旅游者旅行过程中，目的地文化以日常行为的形式围绕在旅游者周围，形成一种强势文化。旅游者身处其中，在酒店居住、餐馆用餐、商店购物、景区游览、体验城市文化等方面，旅游者还通过多种途径与目的地居民产生互动。从此不难看出，目的地文化需加强民族、地域性特征，才能保持强大生命力和竞争力。

3. 审美经验对旅游产品的影响

"文化全球化"影响审美经验同一化（审美经验被动地融入），导致地方旅游产业的同一化。如肯德基、麦当劳、星巴克代表着一种趋同消费。电影和电视产业中的欧美剧场占据大量市场，出版业、印刷业中西方媒体占据市场，互联网中英文点击率最高，欧美动漫产业大量盛行等，这似乎形成一种世界化、西方化的标准和模式，在悄然渗入人们的审美经验层面上。

一些地域化的旅游文化开发雷同产品，这些不合理的开发导致宗教文化、民族文化的异化。这种异化也就带来旅游文化产品的同一化。民俗文化、民族文化被异化的例子更是屡见不鲜。一些民族歌舞虽然能作为传统文化保留下来，但已不是自然本真的传统文化，而是略经过修改，放在舞台上成为表演给人们看的节目。如为了让游客接受，为了吸引大众的口味，放在舞台上表演给游客看的"节目"，其中的曲调、歌词等内容都做了大量的修改，已经不是地道的民歌。久而久之，旅游目的地原有的社会文化就逐渐失去了特色，就连当地人由于在旅游者面前长期表演，也会在潜意识里默认了这些经过包装了的传统文化，原生态的传统文化则被抛掷在边缘，落满了岁月的灰尘。这种旅游所导致的结果是，游客观察到的不是一个国家和地区的真实景况，而是一个国家和地区的虚幻境况。很多丰富多彩、内涵深厚、独具特色的民俗文化在经过商业化的修改后显得肤浅、苍白。旅游文化产业将会逐渐蜕变成为一个纯商业化的产业，陷入一种"异化"的境地。

电影、电视、网络等传媒业的同一化。电影、电视的生产在一条生产流水线上操作，恰如汽车零件的安装一样，模仿西方电影打造出趋同化作品。导致电影、电视艺术越来越缺少民族韵味和民族色彩。媒体也渐渐被具有商业化模式传媒业所代替，过分为了迎合大众口味产生的传媒业，逐渐变为大众传媒的一种基本模式。这种大众传媒更是逐渐商业化、机械化、平面化，致使旅游文化休闲产业如电影、电视、主题公园、动漫等渐渐趋同化、同一化。

"文化全球化"影响审美经验激起地方主义的反抗（审美经验主动地融入）。"文化全球化"激起地方民族主义的反抗。如地方旅游节的举行，地域性的节事的举办，如昭君文化节、泼水节、具有内蒙古风情的鄂尔多斯婚礼等。

红色旅游兴起是文化地域化、民族化兴起的一个很好的例证。红色旅游在我国开展较早，它是由有组织的革命传统教育渐进发展起来的。进入 21 世纪，受旅游黄金周等因素影响，大众旅游和假日旅游蓬勃发展，红色旅游业明显受益。红色旅游加强了对青少年的爱国主义教育，有力地抵制了全球化对旅游文化同一化的冲击。在全球化的冲击下，文化领域反映出红色旅游加强了青少年的民族文化认同感，弘扬了民族文化精神。红色旅游加深了境外游客对中华民族文化精神的认识和理解，加强对域外游客的吸引力。红色旅游通过境外游客的介入，进一步加深了红色旅游的国际化影响。

（三）媒介传播对旅游文化的影响

媒介本身的影响导致"文化全球化"，同时也带来了文化多元化，致使先进的地域文化引领落后的地域文化。媒介本身的影响导致"文化全球化"同一化。媒介主要指网络、电视、电影、出版、印刷、传媒业等，这种介体传播使旅游者加深自身对旅游文化的认识。

媒介传播的文化内容对于旅游文化影响深远。文化是旅游业的灵魂和支柱，国际游客是为了参观文化遗迹、文化娱乐和文化欣赏而来。媒介的文化传播影响旅游主体、客体、旅游中介各个方面，并从世俗层面和审美经验层面规制着旅游文化。探讨媒介对旅游文化的发生过程符合旅游业文化发展的实际情况，有利于制定出更加合理、更加具有针对性的旅游文化建设对策，促进旅游文化的持续健康发展。

1. 媒介的传播是对旅游主体的影响

媒介文化内容传播可以透过各种方式，如文字、报刊、电影、电视、互联网、新闻发布会、文艺宣传活动等进行宣传、形象塑造、传播信息等。旅游者通过报纸、杂志、旅游手册、书籍、电视报道、影视节目、录像带、电影、照片、演说、网络信息等获取旅游信息。这种传播成为引发游客旅游动机的一种方式，也是媒介对旅游文化的传播。

当电影、电视成为旅游的指南，人们不再满足于从屏幕中看世界，而更渴望造访现实场景，体验剧中人物的种种经历。此时，电影和电视与旅游联结，成为引发旅游者的最初动机和诱因。当游客找寻那些曾在电影、电视上的风景或景点时，他们就成为受吸引的访客。旅游开发者让地点作为戏中的景点，进而变成卖点。韩国政府的成功得益于把影视产业作为推动文化产业的重要策略。同时，各种网站大量有关购物、美食、文化、活动信息都在增强着游客对媒体报道的地方的认识的吸引力。对于要寻求旅游信息的游客，在浏览中获取信息的同时，也引发兴趣去观赏，这也是促成旅游者旅游动机形成的因子之一。

媒介的后果带来"文化全球化"，"文化全球化"导致文化的同质化，文化同质化对旅游者产生影响，现代传媒技术导致影响旅游者动机的变化，发达的传媒技术占据着霸权地位，导致旅游者的主导思想和世界观发生变化。通常旅游者本身的动机是与主体审美体验有联系的，媒体的发展文化同一化导致审美体验的同一化，旅游者在诱发旅游动机时较少注重审美的内核，更多转向到平面化、庸俗化、无深度的审美愉悦动机之中。旅游者旅游动机的趋同性导致旅游需求的趋同性和旅游消费的趋同性。在媒介对旅游动机的深入影响中，我们注意到媒体可以对旅游地造成影响，让游客故地重游的关键是独特的自然美景与深刻的文化魅力，借助媒体打造旅游发展只是昙花一现，要想造就旅游可持续长久发展更应注重旅游的地域性和民族性特征。

2. 媒介传播对旅游目的地的影响

对旅游目的地的印象是影响着旅游者决策过程的重要因素。在媒介的传播与宣传中，目的地印象在旅游策略或市场区隔中是很重要的因素，目的地正面印象成为吸引游客的重要因素。

观看一部受欢迎的电影或广告可能会增加对目的地的正面形象及旅游动机。① 众多研究者也认为电影可以作为推动景点的因子，吸引旅游者的诱因。电影、电视带动旅游，有别于传统旅游的方式，因为能为旅游者提供不同于普遍意义旅游景点的历史人文、地理环境的诠释，同时也赋予了旅游者对目的地更多的想象力，这也是电影、电视等媒体加强目的地吸引力的途径之一。但是，游客参观电影和电视发生地，实际上只是拍摄场景，只不过是虚幻的景观取代了现实自然景观，这也是全球化冲击下的后现

---

① Kim H, Richardson S L. Motion picture impact on destination images [J]. *Annals of Tourism Reearch*, 2003, 30 (1): 216-317.

代景观。经典电影与电视可能会让一个旅游景点由默默无闻到家喻户晓，但电影、电视的传播只是一时的，真正能够经得起岁月侵蚀的是具有历史社会文化内涵的独特的旅游资源。必须发展民族的地域性的历史文化魅力，才能造就旅游的可持续发展。

旅游目的地的开发者和建设者透过网络、电视、电影、出版物等大量介体传播，对于客源地文化的打造越来越同一化。由于信息快速发展，缩短了国与国、社会与社会的距离，文化趋于全球化，跨国企业如快餐店、便利店的增加，城市与城市之间的趋同化倾向加剧，旅游者虽身至异地，但体会不到异质文化的特征。在"文化全球化"冲击下，导致旅游目的地的"吃住行游购娱"的内容相似度提高。而一个地区的形象要想深入人心，必须具有地方特色，必须以地方性民族性优势打造旅游目的地的优势文化。

旅游文化的客源地文化受到很大的侵害，旅游的文化休闲产业，如影视、动漫、主题公园、博览会等受到西方文化同一化的冲击。动漫和电影多借助高科技电脑合成影片，电影、电视中美剧的市场效应，致使民族和地域文化特色的影视作品受到排挤。

3. 媒介传播对旅游中介的影响

媒介的传播内容较旅游中介更为宽泛。在当代旅游中，各种旅游网站、旅游公社、旅游指南、购物、美食、文化等活动的信息都属于旅游媒介。这里旅游媒介更多是为游客提供旅游景点的信息。媒介对旅游中介的影响分为媒介本身对于旅游媒介的影响和媒介传播的内容对旅游介体的影响。

旅游媒介更多通过媒介传播获得。媒介对于旅游文化具有积极作用。介体可以生动全面、全方位地展现旅游文化，这将有益于加深对旅游文化的感性认识和深层理解。电视节目形式的多样性，也充分展现旅游文化的千姿形态和丰富内涵的特性。如以旅游文化为主题的专题节目，以旅游文化为背景的综艺节目、电视剧等等。通过介体旅游文化及时迅速地深化拓宽。介体将能使旅游文化的内容迅速及时地真实呈现，并传至更为宽广的地域。

介体的传播特性可能会降低旅游文化的内涵。介体通过画面不能够代替事物的全部内涵，特别是作为内蕴深厚的旅游文化，观众在接受时对荧屏图像的过于依赖，将会消减文化本身的意蕴。另外，媒体宣传的片段性会使旅游文化信息在传播中变得断断续续，人们感知的信息也变得支离破碎。

在全球化冲击下，介体传播的内容使得西方价值和文化占有主要地位，导致旅游蕴含于世俗消费并超越于旅游审美尺度，越来越西方化和同一化。媒介内容本身的传播造成旅游的文化意蕴和内涵越来越同质化，致使旅游失去地方性和民族化特色。例如，在一些具有民族特色的旅游景点，一些外来文化的元素却成了吸引游客的主打产品。这些外来文化跨文化传播对人们的意识和行为确实产生重要的影响，无形中将对人们固有的传统文化观念产生很大的冲击，对我们民族文化的传承和发展也是一个很大的考验。

第五章　旅游文化与青少年的民族文化认同

全球化与文化认同的问题自全球化进入学术视野时就已存在，并且作为全球化带来的重要影响和后果备受关注。旅游文化作为全球化旅游维度的重要阐释角度，其中也包括了与文化认同的相互关系。

全球旅游及旅游文化与民族文化的认同紧密相关，对民族文化的认同而言，青少年又在这一范畴显示出极其关键的地位。因此，旅游及旅游文化与文化认同的相互关系中，一根主线即是青少年的民族文化认同与旅游文化的相互关系。尽管这一论点涉及众多的嵌套概念，出现令人眼花缭乱的交集，但经过抽丝剥茧的清理之后，我们会发现，旅游文化与文化认同的核心问题，在当下表现为旅游文化与青少年的民族文化认同，而对该问题的梳理，首先要从全球化对青少年文化影响研究的现状谈起。

第一节 全球化对青少年文化影响研究的现状

全球化对青少年影响的文化研究，应置于新兴交叉学科研究的范畴，主要涉及青少年研究、全球化理论、文化研究、社会学等多个领域，是在全球化的"新意识形态"下对全球化文化之于青少年影响的一次文化检视，从文化分析的角度探求青少年在全球化状态下的种种表现，并进而上升到检视青少年文化认同和文化意识的高度，企望在文化领域对全球化加之于青少年的负面影响进行梳理、分类、解析，最终致力于在国家战略层面上，提出青少年应对全球化影响的文化策略，是这一研究的重要目标之一。

（一）研究现状

目前，全球化对青少年的影响这一课题仍为新兴课题，研究者围绕青少年研究做了较多的比较和影响研究式的论文，大多数研究主要集中在全球化对青少年的价值观影响、青少年教育、青少年的民族认同感等方面。

全球化对青少年价值观影响方面，主要着重于全球化对我国青少年产生影响的历史沿革、发展趋势、方式和手段及原因的分析，并力图在反思的基础上，期望掌握规律，构建应对全球化影响的青少年策略。

《全球化背景下西方文化对我国青年价值观的影响》一文指出，"全球化是当代最重要，也是最迅猛的发展趋势，它已渗透到各国的经济、文化、科学、社会、政治等多个领域，已经成为国际社会最热门的话题。全球化趋势对中国青年的经济思想、政治思想和文化观念已经产生了深刻的影响"。在认知全球化背景的基础上，分析了全球化对中国青少年产生影响的四个方式——"大量现代学术思潮的传播、商业经济活动的方式、文化精英的教育哲学理念、文化艺术直接交流等四种形式"，认为"随着现代化大众传播手段和文化市场的发展，形成了社会文化信息多渠道、多方面作用于中国青年的局面。在多种渠道中，影响最大的一是网络，二是电影电视，三是流行音乐"。而对此的应对策略为"应当努力提升中国文化的世界竞争力，构造当代中国青年成长的优势文化生态"，应"迎接挑战，参与沟通，培养具有社会主义现代价值观的中国青年"，并且指出，"期望中国文化的现代化与世界化，走出一条'左右逢其源，上下契其机'的路子，为全球化背景下的我国青年的健康成长，创造一个良好的精神环境和文化环境"①。

《全球化与当代青年价值观的嬗变及其基本趋势》一文指出，经济、"文化全球化"的冲击是引起当代青年价值观嬗变的根本社会原因；价值取向多元化、思维方式多样化和价值理念丰富化是当代青年价值观嬗变的具体表现；面向 21 世纪，当代青年在实

---

① 言玉梅. 全球化背景下西方文化对我国青年价值观的影响 [J]. 湘潭师范学院学报（社会科学版），2003（5）.

现自我的过程中，出现了更加务实的判断标准和理想现实化的趋向，又由于当代青年不断地调适自身利益与社会整体利益的矛盾和冲突，因而，他们的价值观与社会主导价值观之间的互动、趋近与整合的态势亦将更加明显。①

综合而言，上述对全球化之于青少年价值观影响的分析基本指出了这一现象的趋势，对其中的原因分析较有新意。应对策略方面尚有进一步深入和开阔的空间，特别是对全球化影响下的新兴培育方式的探讨，未能进入研究者的视野。

青少年教育方面，特别注重全球化背景的分析，研究范畴广泛，涉及德育、体育、流行文化、职业教育等众多方面。

《关于全球化与青少年创新能力培养的思考》一文指出，"我国加入世界贸易组织以及全球范围内政治、经济、科技的竞争日趋激烈的客观现实表明：谁拥有具备扎实的科学知识和旺盛的创新能力的人力资源，谁就能拥有经济实力和强大的综合国力，谁就能掌握世界政治经济的命脉和持续发展的主动权"。还分析了青少年创新能力培养的原因，认为"培养具有创新能力的青少年一代是全球化时代的现实要求"，并且指出了培养具有创新能力的青少年的三个主要途径，即"营造有利青少年创新能力培养的社会环境、构建有利青少年创新能力培养的教育体制、树立能促进青少年创新能力培养的学习观念"。②

---

① 孙召路. 全球化与当代青年价值观的嬗变及其基本趋势 [J]. 陕西青年管理干部学院学报，2003（2）.
② 王淑玉. 关于全球化与青少年创新能力培养的思考 [J]. 陕西青年管理干部学院学报，2002（3）.

此外，还有为数众多的论文探讨了在全球化背景下的青少年教育，如《国外学校意识形态教育的特点与启示》《全球化背景下多元文化教育的发展走向》《全球化视域下人类理解的时代境遇及其德育路径》《全球化与城市化背景下的职业适应型教育》《流行音乐全球化影响下高校流行音乐欣赏课的探讨》《全球化语境中对传统武术发展的文化思考》《论全球化与当代青少年同一性的发展》等。①

应该说，这些论文总体上对全球化背景给予了足够的重视，并且将全球化语境视为青少年研究的新趋势出现的必然条件，但对于什么是全球化及全球化的文化维度未能深入分析，这在论题的分析上有欠深度。

在青少年的民族认同感方面，普遍对全球化影响下的民族文化认同有危机感，并对全球文化扩张产生的民族文化认同的弱化现象提出个性化的主张。②

《浅析文化主权与青少年国家民族意识》一文指出，"我国的文化主权现在受到两方面的挑战：一是以美国为代表的西方发达

---

① 汪国培. 国外学校意识形态教育的特点与启示 [J]. 淮阴师范学院学报，2006 (6)；徐莉，何茜. 全球化背景下多元文化教育的发展走向 [J]. 比较教育研究，2005 (12)；陈志兴，王丽荣. 全球化视域下人类理解的时代境遇及其德育路径 [J]. 河南师范大学学报（哲学社会科学版），2010 (1)；张颖. 全球化与城市化背景下的职业适应型教育 [J]. 高等工程教育研究，2008 (5)；赵烁. 全球化与教育 [J]. 河北大学学报（哲学社会科学版），1999 (3)；段传娅. 流行音乐全球化影响下高校流行音乐欣赏课的探讨 [J]. 高等工程教育研究，2008 (S1)；王震. 全球化语境中对传统武术发展的文化思考 [J]. 体育文化导刊，2006 (5)；潘绮敏，张卫，朱祖德. 论全球化与当代青少年同一性的发展 [J]. 华南师范大学学报（社会科学版），2004 (2).

② 曹雁. 浅析文化主权与青少年国家民族意识 [J]. 长春大学学报，2009 (1).

国家的文化霸权主义，二是周边国家对我国传统文化资源的'抢注'与争夺"。在此基础上，认为"要维护文化主权，提升青少年的国家民族意识，需要在发展经济、建立社会主义先进文化、深入进行民族文化教育、保护民间文化、开展国际文化交流、建立文化安全预警机制等方面做出努力"。

《教育艺术》杂志在2003年下半年连续四期刊发了"全球化与当代青年价值观"系列文章，研究了全球化视域下当代青年民族认同感弱化、青年道德价值观变化、理性分析及应对之策等问题。① 此外，还有论文从文化自觉、道德重建等方面进行对民族文化认同的阐释。②

青少年的民族文化认同问题在全球化进程中是一个非常重要的层面，全球化造成的后果或影响的主要方面即是形成"全球文化"，无论对所谓的全球文化做何看法，是同质化，还是异质化，还是第三种文化，民族国家的文化都会受到相对的冲击，加强文化认同是地方化对全球化的主要手段之一。上述文章在这个方面的意识比较强烈，可对全球化的影响，或者更进一步说，全球化

---

① 郭海燕，刘艳军. 全球化与当代青年价值观——全球化视域下当代青年民族认同感弱化的原因探析［J］. 教育艺术，2003（8）；刘艳军，郭海燕. 全球化与当代青年价值观〈二〉——全球化视域下当代青年道德价值观变化的特点［J］. 教育艺术，2003（9）；郭海燕，刘艳军. 全球化与当代青年价值观〈三〉——全球化视域下当代青年人生价值观的特点及其发展趋向［J］. 教育艺术，2003（10）；刘艳军，郭海燕. 全球化与当代青年价值观〈四〉——全球化视域下的理性分析及科学的应对之策［J］. 教育艺术，2003（11）.

② 赵永富. 全球化进程中的文化自觉［J］. 中国青年研究，2002（3）；赵永富. 全球化过程中中国青年道德的冲撞与重建［J］. 广西民族学院学报（哲学社会科学版），2002（02）；赵永富. 嬗变与导向：全球化与中国青年价值观［J］. 广西民族学院学报（哲学社会科学版），2002（3）.

的文化维度或称之为"文化全球化"的理论开掘还处于表层，分析也有些流于宽泛之嫌。

（二）反思

上述研究总体上体现文化研究与青少年研究的融合发展意图，也对全球化的影响有所关注，但无论从研究的深度、广度，还是对现有状况的反思力度来讲，上述研究存在一些仍可商榷的问题，主要表现如下：

应用研究广泛开展，实践层面各有特色，但反思力度不足。在全球化背景下对青少年研究的领域涉及面较为宽阔，有青少年思想道德的培养，青少年民族意识形态，青少年传统文化的认同，青少年的工作、创新能力的培养等方面。进入 21 世纪以来，在全球化社会背景下对青少年的应用研究，得到了长足的发展，主要表现在青少年的工作和德育开展方面，形成了新特色——全球化与青少年的价值观、德育建设、民族认同等方面，突出其实践性质。但由于学者一般仅限于对研究对象的现状、特征进行梳理和总结，研究深度的广度开掘不够，不能深入其里，对于论题的溯源性工作并没有真正入手，故而使此研究领域的工作显得仅限于泛泛而谈，反思力度不够。

从研究对象来看，把对青少年各个领域的研究作为对象较多，对青少年的研究从文化影响的角度切入较少。当下一些学者为青少年研究找到了一个共同发展的社会背景，即全球化。全球化对青少年诸领域的影响成为学界讨论的主要话题。但是此论题的研究现状表现出一个重要的特点：视野开阔，深度不足，缺乏融通和内在理路。因而很难从总体上把握全球化对青少年影响的形成、发展，缺乏内在理路又使得这一研究淹没于表现方式、实质却并无差别的研究范式之中。众多的价值判断和情感取向证明，全球化在文化层面上展开是最稳定、最持久、最具有解释力的，而对青少年的文化影响进行分析，能复原于研究的学术理论语境中，检查其他学者是如何提出和处理的，最后尝试找到问题的根源，并在爬梳问题的过程中，抓寻文化这一具有根本性的思考脉络，从而使对于青少年的研究更具有纵深性，更经得起拷问，而要做到这一点首先是要对研究方法和研究视野的重新审视。

汤姆林森认为，"全球化（globalization）处于现代文化的中心地位；文化实践（cultural practice）处于全球化的中心地位"，"二者是一种相辅相成的关系"。而且他坚持认为："我们这个时代所经历的、由全球化描绘的巨大的转型式进程，除非从文化的概念性词汇去着手，否则就很难得到恰如其分的理解。"① 作为全球化研究的重要学者，他指出了全球化与文化的重要关系，同时，也为我们开辟了新的理论场域，这即是在文化维度上深入研究全球化的影响。青少年毫无疑问处于全球化进程中，社会转型造成的巨大变革与落差将会一拥而上，对他们的思维方式和对象进行清洗，这时候能够从文化的角度深入把握这一趋势或规律，

---

① ［英］汤姆林森. 全球化与文化［M］. 郭英剑，译. 南京：南京大学出版社，2004：1.

将对青少年研究的深入大有裨益。

　　研究的后果和对策性的问题提出较多，很少从影响的过程与途径入手来谈，而阐释和论证影响的过程，是解决问题的关键点。就众多的研究成果而言，对于论题的现状和应对策略提出的较多，但很少从影响的途径入手来进行阐释。近年来，置于全球化背景下的青少年研究一直行驶缓慢，研究方法单一，深度不足。一方面侧重于与青少年民族意识、文化认同的理论融合，另一方面偏重于对实践本身深度欠缺的分析。而常常忽视了对于文化背景和环境的考量，未能形成大文化视野。

　　从方法论角度而言，描绘事物或趋势的过程远比阐释其后果或展望其未来要复杂。对于全球化的影响这样的课题而言，更是这样。一方面，全球化本身就是一种复杂的联结。汤姆林森指出，相互联系和互相依存构成了现代社会生活的特征，而全球化指的就是快速发展、不断密集的相互联系和互相依存的网络系统。全球化的概念是一种非同寻常、容量丰富的概念，产生了远远超出完全是社会事实的思索、假设和强大的社会形象与隐喻。①另一方面，对全球化进程中青少年的影响而言，涉及面广泛，可以表现在不同的层面上，如社会、经济、政治、文化，或者更为微观的层次，如传播媒介、文化认同、思想变革、行为方式、生活方式、消费理念等，从而形成杂乱无章的思想碎片和理解障碍，如果缺乏对过程的描写就会痛失把握形成因素的先机，只知

---

　　①　［英］汤姆林森. 全球化与文化［M］. 郭英剑，译. 南京：南京大学出版社，2004：2.

结果，不知原因，最终提不出任何解决问题的办法。

（三）应对策略

全球化涉及经济、政治、文化三个层面，文化作为社会共同体因子是最持久、最稳定、最具影响力的。电子媒介时代和"地球村"的应运而生，促进文化集中化、零散化和碎片化，同时也加速了全球化的复杂性、多变性、流动性及不稳定性。面对全球化进程的加速，文化的解释力也随之增强。要想深彻地明晰全球化对青少年影响的过程、媒介、后果、对策等一系列问题，从全球化的文化维度入手进行文化研究是必然途径。一方面，这一论域的主要发生范围限定于文化范畴。全球化的影响在经济、政治、文化三个层面表现，而与青少年直接相关者为文化层面。鉴于文化概念的繁复性，无论是深层文化，还是表层文化，都与青少年紧密相关。另一方面，从已有的研究成果来看，研究方法多集中于"量性的研究方法"，也有一些学者试图通过问卷调查、数据分析等方法寻找影响青少年价值观的"确实因素"和"确实依据"[①]，但这样的定性与定量研究从方法论而言难以满足全球化语境下的文化分析的要求，因此文化研究应当成为青少年研究应重视的方法之一。

本书认为，研究范式的革新是应对当前全球化对青少年影响这一论题的重要手段。从全球化对青少年的影响入手，廓清其对

---

① 王丽娟．我国青少年价值观研究三十年［EB/OL］．http：//www.cycs.org/Art-CoList.asp？Category＝1&Column＝395.

青少年产生的文化影响及形成的过程、特点、机制，拓宽研究思路，达到在文化视野下对青少年文化的总体观照，进而为民族文化认同和青少年文化寻求更为宽广的路径和开放的空间，是文化研究的题中之义。

众所周知，研究事物的发展过程和运行机制，其难度要远远超出一般意义上的定性或定量研究。其研究方法属近年来有新意的少数几种之一，涉及众多领域的知识，具有较强的创新性。研究事物的影响过程和路径，是从本源上阐释问题的发生和如何可能的问题，能够使研究对象的探讨从更深层次、深层面角度展开，对于问题的开掘较深，不但涉及问题的本根，而且具有极强的现实意义，这也是研究者所要着手此问题的目的和动机。

以上综述旨在从方法论角度寻求全球化对青少年文化影响的研究进路，同时也为开辟全球化与青少年文化认同的研究场域进行理论前溯。可以看出，全球化对青少年的文化影响，特别是由此产生的文化认同问题已经进入学术视野，但对旅游文化与青少年的文化认同问题还有待深入开掘。

第二节　旅游文化与民族文化认同

全球化进程引发的民族认同问题早已进入学术视野，甚至可以说，这也是全球化带来的主要问题之一，民族国家对此争讼不已。一方面，全球化通过打破民族认同中的文化同质，从而达到对民族认同进行限制的目的；另一方面，全球化也为某些独特文化通过利用新技术进行文化重塑提供了可能，并且为文化获得延续、发展和繁荣的权利打开了新的渠道。① 在这两个方面中，旅游文化借全球化之势与民族文化认同发生了联系。

旅游是文化认同的重要媒介。"文化全球化"的一个重要的后果就是文化认同，而文化认同的前提来源于人们的文化实践和文化体验。而文化体验的很庞大一部分内容是身体定位的日常体验，也即是文化的地方性（差异性）。旅游促进了不同地域的人群相互体验各自不同的文化，进而达到相互了解、交流、沟通的目的。从这个角度来看，旅游是"文化全球化"这一概念本身的内在要素之一。

地方性（差异性）是增强旅游目的地吸引力的重要因素。"文化全球化"的另一个重要后果是激起民族国家张扬地方性文化的热情。深入挖掘本土文化的精髓，张扬独立的文化个性成为民族国家反抗文化同质化的重要手段。客观上加强了作为旅游目的地的吸引力。可以说，这是"文化全球化"的间接后果之一。

旅游是民族国家融入"文化全球化"进程的重要手段。"文化全球化"带来整体意识的加强，同时也张扬着文化的个性，全球化进程既受到文化同质性制约，又受到文化异质性制约，而现今"文化全球化"重点即在于着力寻找全球性与地方性相结合的有效途径和方式，也即寻找全球地方化和地方全球化的实现路径。美国著名学者罗兰·罗伯森认为，学术专业领域的"文化间

---

① 王宁．全球化百科全书［M］．南京：译林出版社，2011：487.

交往"和与文化间交往重叠的旅游领域是解决上述问题的重要路径。发展旅游业，能够增强国家之间的文化交流，在现实层面上融入"文化全球化"的进程。

基于对上述关系的简单勾勒，我们可以确定，旅游及旅游文化在民族文化认同中扮演着重要的角色。旅游及旅游文化对于旅游目的地的文化保护和旅游目的地文化的传播而言，毫无疑问是一把双刃剑。

一方面，旅游对民族文化认同形成了冲击。在"文化全球化"浪潮席卷下，全球文化正处于变革之中，这种变革是世俗的、普遍的、深刻的。远方行为对本地生活体验的冲击和挑战，不是消极被动的事实，而是积极主动的扩张，是一个有目的、有规划、有意识的进程，不断加深全球性与地方性的矛盾和冲突，使"文化全球化"更多地表现为文化的单向流动。面对西方强势文化的侵蚀，保持一个民族国家的文化主体性成为关键而急迫的问题。在强势文化的输出和主导下，我国独有的旅游观念、旅游文化可能被同化、改造，进而向西方观念贴近。

这样的危害表现在，一是在文化与旅游融合发展的过程中，本民族的独特文化无法通过旅游来张显、增强，旅游目的地的建设也可能出现同一化、西方化，损害其多样性，最终导致市场乏力。西方强势文化进入本土，生成西方异域文明崇拜，旅游市场中的"凭空创造"景观或移植景观增多，虽然可能出现红火一时的现象，但从长远发展来看，没有强大的文化历史传统做支撑，最终将陷入绝境，并损害地方经济文化的发展。

二是外来的旅游及旅游文化中的消极因素对原有历史文化传统和承载这一传统的历史遗留造成实质性的毁灭，特别是对我国旅游文化本身，包括核心价值观念、信仰、风俗、习惯、语言等民族认同的文化要素进行渗透和蚕食，旅游文化承载的民族认同的文化同质将受到破坏。云南丽江古城文化在当地发展旅游业时遭受破坏，古城文化商品化，文化减弱。① 此外，全球化对丽江纳西族的语言也产生了重要的影响，纳西族人不说纳西语，纳西语行将消失。② 少数民族的语言文字作为民族文化的一种载体，是各民族传统文化不可分割的组成部分。在少数民族地区，旅游业的发展带来的一个重要影响就是少数民族的语言、文字在现代文明和外来文化的强大冲击下退化、消失。

然而，让人不得不深思的是，旅游交往在客观上唤醒了民族自身的归属意识。对于急于发展旅游业并借此发展经济的民族国家而言，旅游及旅游文化的勃兴是有利的。旅游交往或交流是一种双向的互动的交流，对于旅游目的地族群而言，外来游客进入自身领地带来的异域文化常常会激发其特有的民族性，区别于我族与他族，这是一种本能的反应。同样是来自云南丽江的例子，却诠释了这一悖论。丽江在接待外来游客时，形成了建设文化大区的热潮，借此一些濒临消失的民族文化事项得以苏生和再现，

① 刘燕. 旅游业的发展对丽江古城社会文化的影响 [J]. 云南地理环境研究，2005（4）.

② 全球化对云南少数民族文化冲击的个案研究 [EB/OL]. http：//blog. szu. edu. cn/Forum/46478.

增强了民族认同的内趋力，引起了民族意识与民族旅游的互动。①
应该说，是旅游成为全球化与民族文化认同之间的悖论的极好
诠释。

以大众旅游为前提的旅游或旅游重大项目越来越成为营建全
球的公共场域的重要手段，这其中如世博会、奥运会、各种博览
会和大型专业会展等扮演了重要角色，借此举办国家或地区成为
全球瞩目的焦点。在这样的前提下，几乎所有的疆界都变得可以
穿越，全球文化生活的大部分都可以通过旅游而相互影响。因
此，在全球化进程中的民族身份的表达集中于以旅游及旅游文化
为媒介的场域中。

第三节　青年文化与旅游文化

全球化引发的民族文化认同问题其实早已在民族国家的文化
政策上有所反映。一些国家为了抵抗全球化带来的文化帝国主
义，防止本土文化与本体生长根源被人为隔断，保存并壮大自身
文化实力，往往采取多种措施来发扬本民族文化，并已然将其上
升为国家战略。当然，一个民族国家的旅游文化也是构成其文化
特性的重要一项，是在全球化背景下，民族国家重建文化个性和
民族个性的自救对策之一。

---

① 张波. 论旅游对接待地社会文化的积极影响——以云南丽江为例 [J]. 云南民
族大学学报，2004（4）.

在民族国家的文化战略中，文化受众群体中最受关切的当然是青年群体，因此，旅游文化与青年文化在全球化进程中的民族文化重建中相遇了。

何谓青年文化（Youth Culture）？这是一个在全球化语境中必须要回答的问题。

全球青年文化是一个跨学科范畴，借助它，理论家和政策分析家们试图理解出现在全世界年轻人身上日益明显的混杂文化和身份的复杂形式。

诸如电影、电视、流行音乐、互联网等媒体以及其他信息和通信技术的普及是养成这种文化的主要原因。混杂的有些成分是文化普遍共有的，而产品、人员、文化和身份的全球性交换也是所有殖民历史的典型特征，但近期的共同全球化和因此而兴起的信息社会产生了一种尤为活跃且充满活力的媒介文化。在这个文化母体中，全球性和地方性影响以及同质化和差异性的影响等都在当代青年的生活方式、行为表现和社会政治实践中持续不断地交汇融合。①

对青年文化，不同的理论视角有着不同的阐释。在法兰克福学派那里，青年文化与文化产业紧密相关。他们认为，在当代青年文化的语境中，文化产业指的是过程产业化的、批量生产的文化和强制性商业规则，它不仅驱动着全球资本主义，而且还试图通过将青年整合进资本主义体系，而使其目的合法化。后现代主义则强调，在青年文化将全球性媒介影响地方化、将地方性生活

———————

① 王宁. 全球化百科全书［M］. 南京：译林出版社，2011：761.

样式全球化的过程中，这些文化就显现出复杂性、多重性、多样性和融合性的特征。

青年文化与旅游文化在全球化的语境下均受到规制。如上所述，青年文化的一个重要特点即是混杂性，并且这种特点是经由媒介文化的传播而形成的。因此，青年文化有时被人直接描述为同质性的或是帝国主义的，也正经历着所谓的"麦当劳化"，然而青年文化自身成长的强大力量已被人所见，今天的年轻人已经使用新媒体来发动并协调全球性政治表达（如反全球化运动）。正是这一点成为民族国家利用或重塑青年文化的基本出发点。

而旅游文化与青年文化结合成为强化民族国家文化认同的一个绝好例子，即是中国的红色旅游与青年志愿者文化的结合。

红色旅游是把红色人文景观和绿色自然景观结合起来，把革命传统教育与促进旅游产业发展结合起来的一种新型的主题旅游形式，其打造的红色旅游线路和经典景区，既可以观光赏景，也可以了解革命历史，增长革命斗争知识，学习革命斗争精神，培育新的时代精神，并使之成为一种文化。

志愿者文化这一概念包容甚众。一般来说，志愿工作是指任何人自愿贡献个人时间和精力，在不为物质报酬的前提下，为推动人类发展、社会进步和社会福利事业而提供的服务，具有志愿性、非营利性、公益性、组织性等特性。"自愿""无偿""奉献""有利于社会发展"是其核心内涵。也正是这些核心观念，成就了志愿者文化对于全人类的意义。

红色旅游与志愿者文化具有多方面的共同内涵，这是二者融合发展的前提，主要表现为以下几个方面：

首先，红色旅游与志愿者文化有着共同的精神基础——弘扬爱国主义。

红色旅游是培育"红色"下一代的重要课堂。通过开展"红色旅游"活动，可以将革命历史知识、革命传统和革命精神以旅游的方式传输给广大青少年，潜移默化，行之有效。红色旅游为革命历史传统教育及爱国主义教育找到了最佳的结合点，发挥着第二课堂的巨大教育作用。各地中小学校将红色旅游景点作为学生开展综合实践活动课的教育基地，把红色旅游活动与学生参与社会实践相结合，青少年学生成为受教育者的主要群体。例如，江苏梅园新村纪念馆在全国 27 个省市的中小学建立了 32 个"周恩来班"和 2 个"邓颖超班"；侵华日军南京大屠杀遇难同胞纪念馆与北京、上海、西安等地的大中小学校建立共建关系，兴建了"百校共建铜牌墙"，配合学校搞好主题队会和入团、入党宣誓等主题活动；鄂豫皖三省将每年 8 月的第一个星期日确定为"大别山红色旅游日"，免费开放红色旅游景区，产生了良好的社会效益。

中国志愿精神和文化的建构需要以中国社会的精神特质和传统文化理念为落脚点，寻找一条易于为中国社会民众所接受和传播的道路。而爱国主义恰是中国历史中最为宝贵的精神财富，更是中国志愿精神的落脚点和基础。

其次，红色旅游与志愿者文化有着共同的目标——提高精神素质，丰富道德内涵。

红色旅游是新形势下精神文明建设的重要载体，在推进旅游产业发展的同时，也推进了精神文明的建设，满足了人民群众对"红色文化"的需求，寓教于游，寓教于乐。而青年志愿服务是公民道德建设的重要载体，是道德实践的过程，青年志愿服务实现了传统美德与现代文明的完美结合，丰富了道德精神的内涵。青年志愿服务倡导"有我利他""助人自助"理念，即志愿者在服务社会和他人的同时，又要发展和解放自我，实现人的自由全面发展，这对于推动社会公德意识的建立和良好人际关系的形成具有积极的意义。正因为志愿服务具有鲜明的实践特点，使它实现了道德理念与道德行为的统一。人们参与志愿服务不仅在道德认知上意识到行为的高尚性，更重要的是在具体的服务过程中实现了个人的道德践履，并在多次反复中形成稳定的道德信念。青年志愿者在塑造个人美德的同时，也传播了社会主义道德风尚，促进了全社会道德水平的提高。

中国青少年研究中心 2000 年 8 月的调查数据显示，对于参加志愿活动的主观意愿，有高达 57.7% 的青年志愿者认为参加志愿活动"有利于青年自身的成长"。实践证明，志愿精神反映了历史进步和时代发展的要求，丰富和发展了社会主义道德的精神内涵，成为社会主义新型道德的重要组成部分。

再次，红色旅游与志愿者文化有良好的互补作用，红色旅游为志愿文化的传播提供了受众和载体，而志愿文化又丰富了红色旅游的内涵。

从社会学视角看，青年作为社会承前启后、充满活力、富有生命力和创造力的群体，其发展程度往往是衡量一个社会发展程度的重要指标。而红色旅游则以吸引广大青少年前往革命圣地旅游，并对其进行革命传统教育，有广泛的群体。可以说，红色旅游为志愿文化的传播提供了必要的对象和载体。

另外，中国的志愿服务事业采取的是一种赶超战略。因此，中国不能如西方社会那样让志愿精神自觉于公民社会意识之中，而应采取一种积极的、主动的态度去引导社会群体接受并消化志愿精神和文化。青年及青年文化的特性与志愿文化本土化过程中的内在要求相契合而成为志愿精神成长的必然之路。红色旅游所倡导的接受革命传统教育、振奋精神、放松身心、增加阅历等文化特点，实质即是一种青年文化，充分体现了青年特性。可以说，志愿文化经由青年这一文化主体将不断地渗透到红色旅游文化当中，其主张的博爱、给予、利他、济世是志愿文化的道德情怀，将丰富红色旅游的内涵。二者将最终在文化传承这一层面，达成共识。

红色旅游与志愿者文化融合发展的前景广阔，必将成为未来旅游业界发展的一种新模式新时尚，将在青少年中产生广泛的影响。红色旅游与志愿者文化的融合发展在实践领域内已形成一定的运作模式，并取得一定的社会效益，如"湖南科大志愿者积极参与中国（湖南）红色旅游文化节"，"河北省青年志愿者为红色旅游提供志愿服务，在华北烈士陵园率先上岗"等红色旅游与志愿者文化融合发展的成功案例，但这种融合发展仍处在自为的初级阶段，只是形式上的嫁接，而未达到文化上的自觉行为。在全球化时代，旅游与文化的融合将更加紧密，二者精神内核及元素的互相植入将成为常态，红色旅游与志愿者文化融合发展如何深入，并从根本上实现二者共赢是一项紧迫而又任重道远的工作。

应该指出，红色旅游是旅游文化的组成部分之一，与其他国家的历史传统爱国教育作用是相同的。而在全球化语境下，旅游文化早已注定了必须具有全球化视野，也在全球化的影响下，将同质性与差异性、地方化与全球化的内在矛盾暴露出来。这与青年文化的混杂性在形成过程上相似。作为年龄介于15—24岁之间的青年被认为是全球媒介文化发展的首要动力，也是旅游文化影响的主要承载群体，因此，二者在文化认同层面的结合是必然的。

结　语

　　全球旅游业得以在全世界扩张和再生产，得益于组装的基础设施、形象与人的流动以及观光反思性的新兴实践概念化成一种全球杂糅体。这种杂糅体经由技术、文本、形象、社会实践等汇聚而成，并在全世界范围内流动。这意味着旅游不但成为进入某一种文化的手段，而且成为某种文化传播自身的载体。因此，旅游文化的复杂性在于，旅游文化包含了文化在旅游全过程中的各方面、各层次体现，是旅游主体、客体、介体在旅游全过程中所反映、创造出来的观念形态及其外在表现，包括一系列特质、制度、精神、行为文化及审美诉求，是一个系统的、开放的、动态的文化聚合体。

　　而旅游文化的发生域或存在状态则处于全球化的笼罩之下，并经由文化的全球化而表现出独特的个性。之所以说旅游文化与全球化是一种复杂的联结，是因为在这样的语境下，旅游文化的内涵与外延处于不断的变动之中，并随着文化的全球化而不断地消长。

在旅游文化与全球化的网络构型图中，旅游文化不但是文化、旅游的交集，同时还与消费文化、审美文化有交集，并置于全球化的语境下，全球化进程中的每个阶段、每个因素都与旅游文化的表征息息相关，因此，称之为复杂的联结并不为过。当然，复杂的联结还在于这种联结的路径是隐性的、动态的，无法明晰表达其实现过程，而联结本身也造成地方与旅游文化本身的弱化，因此，本书的主要目的即在于理解这种旅游文化"现象学"及其背后的规律。

限于时间因素，本书论述尚未达到理想深度，对联结本身的开掘还有待于进一步加深，但对已进行四十多年研究的旅游文化研究而言，全球化视野下的观照总算是对旅游文化在当下失语地位的一点安慰。期望能够引起学界对旅游文化研究的进一步重视。

我们对于全球化的理解维度是多维的、丰富的，但流动性、去除疆界性是核心观点。从这个角度看，旅游当然是全球化的。在疫情常态化时期，旅游全球化降维，也可能出现旅游区域化的状态。本书以旅游文化与全球化的"联结"为研究主旨，也是对现实语境下旅游文化和全球化关系的一种回应。同时，注重"联结"，即注重过程研究。这也是全球化与旅游文化这一论题共同所指，也是本书的重要方法论原则。

参考文献

［1］［英］斯巴克斯. 全球化、社会发展与大众媒体［M］. 刘舸，常怡如，译. 北京：社会科学文献出版社，2009.

［2］［美］阿君·阿帕度莱. 消失的现代性：全球化的文化向度［M］. 郑义恺，译. 台北：群学出版有限公司，2009.

［3］［英］汤姆林森. 全球化与文化［M］. 郭英剑，译. 南京：南京大学出版社，2004.

［4］［英］迈克·费瑟斯通. 全球化、后现代主义与认同［M］. 杨渝东，译. 北京：北京大学出版社，2009.

［5］陈清侨. 文化想像与意识形态：当代香港文化政治论评［M］. 牛津：牛津大学出版社，1997.

［6］王宁. 全球化与文化：西方与中国［M］. 北京：北京大学出版社，2002.

［7］张隆溪. 道与逻各斯［M］. 冯川，译. 南京：江苏教育出版社，2006.

［8］宋耕．全球化与中国性：当代文化的后殖民解读［M］．香港：香港大学出版社，2006.

［9］［美］麦金托什，等．旅游学——要素·实践·基本原理［M］．蒲红，等译．上海：上海文化出版社，1985.

［10］［美］本尼迪克特．菊花与刀——日本文化的诸模式［M］．孙志民，等译．杭州：浙江人民出版社，1987.

［11］［英］安东尼·吉登斯．现代性与自我认同［M］．赵旭东，方文，译．北京：生活·读书·新知三联书店，1998.

［12］［英］迈克·费瑟斯通．消费文化与后现代主义［M］．刘精明，译．南京：译林出版社，2000.

［13］［美］罗兰·罗伯森．全球化：社会理论和全球文化［M］．梁光严，译．上海：上海人民出版社，2000.

［14］［英］戴维·赫尔德，等．全球大变革：全球化时代的政治、经济与文化［M］．杨雪冬，等译．北京：社会科学文献出版社，2001.

［15］［英］汤姆林森．全球化与文化［M］．郭英剑，译．南京：南京大学出版社，2002.

［16］金惠敏．媒介的后果——文学终结点上的批判理论［M］．北京：人民出版社，2005.

［17］［德］乌尔利希·贝克．什么是全球化？全球化主义的曲解——应对全球化［M］．常和芳，译．上海：华东师范大学出版社，2008.

［18］［英］安东尼·吉登斯．第三条道路：社会民主主义的

复兴［M］. 郑戈，译. 北京：北京大学出版社，2000.

［19］［斯］艾尔雅维茨. 图像时代［M］. 胡菊兰，张云鹏，译. 长春：吉林人民出版社，2003.

［20］［德］阿多诺. 美学理论［M］. 王柯平，译，成都：四川人民出版社，2001.

［21］［英］汤姆林森. 文化帝国主义［M］. 冯建三，译. 上海：上海人民出版社，1999.

［22］戴斌. 北京市非传统旅游资源与产业成长研究［M］. 北京：旅游教育出版社，2009.

［23］［美］瑟厄波德. 全球旅游新论［M］. 张广瑞，译. 北京：中国旅游出版社，2001.

［24］吴必虎，宋子千，等. 旅游学概论［M］. 北京：中国人民大学出版社，2009.

［25］谢彦君. 基础旅游学［M］. 北京：中国旅游出版社，1999.

［26］韦燕生. 中国旅游文化［M］. 北京：旅游教育出版社，2005.

［27］孙克勤. 世界旅游文化［M］. 北京：北京大学出版社，2007.

［28］张国洪. 中国文化旅游——理论、战略、实践［M］. 天津：南开大学出版社，2001.

［29］魏小安，等. 中国旅游业新世纪发展大趋势［M］. 广州：广东旅游出版社，1999.

［30］喻学才.中国旅游文化传统［M］.南京：东南大学出版社，1995.

［31］马波.现代旅游文化学［M］.青岛：青岛大学出版社，1998.

［32］冯乃康.中国旅游文学论［M］.北京：旅游教育出版社，1995.

［33］刘德谦.中国旅游文学新论［M］.北京：中国旅游出版社，1997.

［34］崔进.旅游文化纵览［M］.北京：中国旅游出版社，2000.

［35］谢春山.旅游文化论［M］.长春：吉林人民出版社，2002.

［36］郝长海，曹振华.旅游文化学概念［M］.长春：吉林大学出版社，1996.

［37］谢贵安，华国梁.旅游文化学［M］.北京：高等教育出版社，1998.

［38］王淑良.中国旅游史［M］.北京：旅游教育出版社，1998.

［39］沈祖祥.旅游文化概论［M］.福州：福建人民出版社，1999.

［40］喻学才.旅游文化［M］.北京：中国林业出版社，2002.

［41］李天元.旅游学［M］.北京：高等教育出版社，2002.

［42］张岱年，方克立．中国文化概论［M］．北京：北京师范大学出版社，1994.

［43］张文．旅游文化［M］．北京：旅游教育出版社，2000.

［44］章海荣．旅游文化学［M］．上海：复旦大学出版社，2004.

［45］陈华文．文化学概论［M］．上海：上海文艺出版社，2004.

［46］马波．现代旅游文化学［M］．青岛：青岛大学出版社，1998.

［47］阳国亮，黄伟林．多维视角中的旅游文化与发展战略［M］．北京：中国旅游出版社，2001.

［48］王玉成．旅游文化概论［M］．北京：中国旅游出版社，2005.

［49］于光远．旅游和文化［M］．北京：中国旅游出版社，1981.

［50］谢元鲁．旅游文化学［M］．北京：北京大学出版社，2007.

［51］钟贤巍．旅游文化学［M］．北京：北京师范大学出版社，2004.

［52］杨寿川．云南民族文化旅游资源开发研究［M］．北京：中国社会科学出版社，2003.

［53］马勇．WTO与中国旅游产业发展新论［M］．北京：科学出版社，2003.

［54］谢彦君.基础旅游学［M］.北京：中国旅游出版社，2003.

［55］［加拿大］波利，［加拿大］科尔曼.全球秩序：剧变世界中的机构、制度与自主性［M］.曹荣湘，等译.北京：社会科学文献出版社，2009.

［56］［英］戴维·赫尔德，［英］安东尼·麦克格鲁.全球化理论：研究路径与理论论争［M］.王生才，译.北京：社会科学文献出版社，2009.

［57］［美］入江昭.全球共同体：国际组织在当代世界形成中的角色［M］.刘青，颜子龙，李静阁，译.北京：社会科学文献出版社，2009.

［58］［法］杜兰，等.全球化地图：认知当代世界空间［M］.许铁兵，译.北京：社会科学文献出版社，2007.

［59］［法］拉格雷.青年与全球化：现代性及其挑战［M］.陈玉生，冯跃，译.北京：社会科学文献出版社，2007.

［60］［德］杜赫罗，［德］欣克拉麦特.资本全球化：产权为民，不为利［M］.倪延硕，肖炼，译.北京：社会科学文献出版社，2005.

［61］［美］施沃伦.自觉全球主义：矛盾冲突与对策［M］.郑文园，译.北京：社会科学文献出版社，2005.

［62］［英］戴维·赫尔德.全球盟约：华盛顿共识与社会民主［M］.周军华，译.北京：社会科学文献出版社，2005.

［63］［英］戴维·赫尔德，［英］安东尼·麦克格鲁.全球

化与反全球化［M］．陈志刚，译．北京：社会科学文献出版社，
2004．

［64］［英］戴维·赫尔德，［英］安东尼·麦克格鲁．治理全球化［M］．曹荣湘，等译．北京：社会科学文献出版社，2004．

［65］［英］科恩，［英］肯尼迪．全球社会学［M］．文军，等译．北京：社会科学文献出版社，2001．

［66］罗钢，王中忱．消费文化读本［M］．北京：中国社会科学出版社，2003．

［67］［德］李凯尔特．文化科学和自然科学［M］．涂纪亮，译．北京：商务印书馆，2000．

［68］［美］詹明信．晚期资本主义的文化逻辑［M］．陈清侨，等译．北京：生活·读书·新知三联书店，1997．

［69］［德］哈贝马斯．交往行为理论［M］．曹卫东，译．上海：上海人民出版社，2004．

［70］［美］詹姆逊．快感：文化与政治［M］．王逢振，等译．北京：中国社会科学出版社，1998．

［71］［英］约翰·厄里，［丹麦］乔纳斯·拉森．游客的凝视［M］．黄宛瑜，译．上海：格致出版社，上海人民出版社，2016．

［72］Apostolopoulos, Y., Leivadi S, Yiannakis A. *The Sociology of Tourism：Theoretical and Empirical Investigations*［M］. London and New York：Routledge, 1996.

［73］Pearce, P. L. *The Social Psychology of Tourist Behaviour*

[M]. New York: Pergamon.

[74] Leverton, R. *The Economic and Social Impacts of International Tourism in Developing Countries*, *September Reporter No.* 6 [M]. London: Economic Intellectual Unit, 1979.

[75] Urry, J. *The Tourist Gaze* [M]. 2nd ed. London: Sage, 2002.

[76] Appadurai, A. *Modernity at Large* [M]. Minneapolis: University of Minnesota Press, 1996.

[77] Robertson, R. *Globalization: Social Theory and Global Culture* [M]. London: Sage, 1992.

[78] Sdholte, Jan Aart. *Globalization: A Critical Inrtoduction* [M]. 2nd ed. Basingstoke, UK: Palgrave Macmillan, 2005.